はじめての人類学

奥野克巳

講談社現代新書

2718

はじめに　人類学とは何か

本書の狙い

この本は、人類学の世界を覗きたい、自分自身と他者を知るための学問とは何かを学びたい、そんな初学者のための本です。

そもそも、人類学とは何でしょうか。みなさんは人類学という言葉を聞いたとき、どのようなイメージを思い浮かべるでしょう。サファリルックのような服装で「未開」の部族に入り込み、フィールドワークをつうじてその人たちの文化を明らかにする学問？　たしかにそれもひとつの見方です。ただ、それはある意味で固定化されたイメージにすぎません。

たとえば最近では、デヴィッド・グレーバーによる『ブルシット・ジョブ――クソどうでもいい仕事の理論』（2018年）が話題となりました。誰も読まない文書の作成、いつまでも結論が出ない会議の連続……。現代にはやりがいもなく、無意味な仕事が蔓延しています。読者のみなさんも、「なんでこんな無駄な仕事があるんだろう」と感じる場面が多いかもしれません。効率化が進んだ現代において、「無駄」な仕事はどんどん淘汰されていくと思われていました。ところが、そのような無意味な仕事は逆に増えていくばかりです。それらをブルシット・ジョブ（クソどうでもいい仕事）と断言したグレーバーの研究は、社会の中での生産や分配、消費などの人間の経済生活を考察するという点で経済人類学として位置付けられます。それだけではなく、いまや人類学は、芸術人類学や医療人類学、観光人類学、映像人類学、心理人類学、宗教人類学など多岐にわたっています。

このようにずらりと並んだ下位分野を見ると、人類学とは何をやっているか分からない、正体不明の学問のようにも思えるでしょう。

ですが、人類学が誕生して以来、この学問が問い続けてきた本質は何も変わりません。それは「人間とは何か」という問いです。

人間とは何か。その根源的な問題を追い続けて、人類学者たちは悩み、悪戦苦闘してきたのです。そして彼らが見つけ出してきた答えは、今を生きている私たちのものの見方や生き方を変え、現実を生き抜くための「武器」にもなり得るのです。

記念碑的な著作が出版された1922年に近代人類学が誕生してから100余年、これまでに数々の人類学者たちが世界中を駆け回り、幾多の学説を唱えてきました。それらをひとつひとつ取り上げ、トピックや人名別に整理して辞典的にまとめた本はすでに世の中にたくさん出されています。ですが、この本ではあえてそのような形はとりません。ズバッと人類学の要諦を摑むための、「はじめての人類学」としての一冊を目指します。

人類学の最重要人物たち

誤解を恐れず言えば、人類学には「絶対にこの4人は外せない」という最重要人物がいます。ブロニスワフ・マリノフスキ（1884−1942）、クロード・レヴィ＝ストロース（1908−2009）、フランツ・ボアズ（1858−1942）、ティム・インゴルド（1948−）です。彼らは19世紀後半から現代に至るまで、それぞれの時代を生きながら人類学において重要な概念を打ち出してきました。

先回りして言えば、マリノフスキは「生の全体」を、レヴィ＝ストロースは「生の構造」を、ボアズは「生のあり方」を、インゴルドは「生の流転」を突き詰めた人類学者と捉えることができます。

人間の生にまつわるこの4つの考え方は、そのまま人類学が歴史の中で勝ち取ってきた学問的な成果です。つまり4人の人類学者を取り上げることで、人類学の歩みが一摑みにできると言えるのです。本書ではこの4人を中心に、人類学の「真髄」を押さえます。

ここで本書の構成を記しておきましょう。まず、1章は本書を読み進めていくための、いわば土台づくりです。この章ではまず、本書における「人類学」の定義づけをします。

人類学という学問分野は、イギリス、フランス、アメリカなどの国によって用いられる名前が異なります。それが読者の混乱を招く原因になるので、最初に本書における言葉の使い分けをはっきりとさせておきます。

そのうえで人類学が本格的に盛んになる20世紀前半までの「人類学前夜」にどのような学説があったのか、この学問がどのような変遷を辿ってきたのかを整理しておきましょう。

15世紀の大航海時代に西洋人は海の向こうに住む「他者」たちと出合いました。人類学が誕生するきっかけは、その時代まで遡ることができます。それ以降、18世紀の啓蒙主義時代を経て、19世紀になると、人類学は「人間の進化」という見方を頼りにして発展を遂げます。しかし、現地に行かず、蓄積された資料だけで異国の人々を理解した気になっている「安楽椅子学者」たちに対して、若い世代の研究者たちは次第に不満を募らせます。自分たちが実際に現地に行き、この目でそこに生きる人たちの姿を見てやる。人類学は、そんな若者の問題意識と熱意によって大きな発展を遂げます。

その旗手となったのが、2章の主人公であるマリノフスキです。彼は調査地のど真ん中に飛び込んで現地の人々と暮らし、彼らの価値観や生活の成り立ち全体を理解しようとしました。マリノフスキは、まさに「生の全体」を明らかにした最初の人類学者だったのです。

そして3章では、そんなマリノフスキからの流れを受け登場したフランスの人類学者レヴィ＝ストロースを取り上げます。彼は20世紀の思想界に多大な影響を及ぼした「構造主義」を打ち立てた学者としても有名です。レヴィ＝ストロースは、人が生きていくうえで欠かせない儀礼や制度、習慣の中に潜む無意識の構造を探り出し、人間とは何かを描き出しました。彼の人類学的研究は「生の構造」を解き明かしたのです。

4章では、新大陸、つまりアメリカの人類学者ボアズが登場します。彼は人類学にとって重要な概念である「文化相対主義」の源流となった学者です。それぞれの地域、国で培われた文化には優劣などない。自分たち以外の文化も、自分たちと同等の価値があると認めるべきだ。今では当たり前のように思えるこの文化相対主義ですが、実はアメリカの人類学者たちが世界大戦という状況下で生み出した、当時としてはまったく新しい概念だったのです。そして、めいめいの文化に生きる人々はそれぞれの歴史の中で生きていくための方法を見つけ出してきた、といいます。本書ではこうしたアメリカの人類学が重視した考え方を「生のあり方」として捉えます。

5章では、現代の人類学をテーマに据えます。この章の主人公は、現役の人類学者として後進の人類学者だけでなく、アートや建築などの領域に影響を及ぼしているインゴルドです。彼はそれまでの学者とはまったく違うアプローチで人類学を推し進めました。インゴルドは、この世界を人とモノが絶えず絡まり合い、変化しながらつくられていくプロセスだとみなしました。彼の新たな人類学は、「生の流転」と名付けることができるでしょう。

これら4人が辿り着いた「生」に関わる諸概念こそが、人類学がその歴史の中で見つけ出した生きるためのヒントなのです。そしてこの4人の思索を辿りながら、同時に「参与観察」や「民族誌」、「インセスト・タブー」、「贈与論」、「構造主義」、「ブリコラージュ」、「野生の思考」、「文化相対主義」など、人類学における重要ワードも押さえていきましょう。

そして終章では、これまでの議論を振り返りながら、これからの人類学がどこへ向かおうとしているのか、私たちは人類学という学問をどのようにして携えて生きていくべきなのかを問います。

本書を読み終わる頃には、これまで曖昧なイメージしか持てなかった人類学を、より生き生きとした、手触りのあるものとして感じることができるでしょう。人類学は遠く離れた人々を対象とする学問であるだけでなく、私たち自身の「生」を含め、「生きている」と向き合うための学問でもあるのです。

目次

1章　近代人類学が誕生するまで

「人類学」という用語をめぐって

1章では、本書における前提を共有しておきましょう。

いわゆる「人類学」と呼ばれるこの学問分野は、成立の背景の違いから、国や地域によって名称が少しずつ違っています。あるいは同じ名称が国によって別の意味で使われたりしているので、紛らわしいのです。

人類学（Anthropology）は、ギリシア語の「人間 anthropos（アントロポス）」と「学 logy」からなり、「人間についての研究」を意味します。イギリスでは、人類学は「自然人類学」、「先史考古学」、「社会人類学」の3つによって構成されます。

まず「自然人類学」は、皮膚や眼の色、身体各部のサイズや骨格、指紋や血液型などの身体的特徴を比較分類しながら、系統関係や変化を考える分野です。理系的な分野だと言えるでしょう。「先史考古学」は、遺跡から出た土器やそれと一緒に発見された動物の骨や植物の種子などを調べて、先史時代の人間を再構成するものです。そして「社会人類学」は、文字通り地球上に存在する諸民族の社会や文化の研究を行う分野です。イギリスの社会人類学では、伝統的に家族、親族、婚姻や集団の問題に重点が置かれてきました。

これがアメリカに渡ると、これらの3つの領域の他に言語学（言語人類学）が加わります。

言語学は、人間の持つ言語の能力やそれぞれの言語の特徴に関する研究です。アメリカでは、イギリスで社会人類学と呼ばれている分野を「文化人類学」と呼びます。私たち日本人にとっては、この文化人類学という言い方のほうが、なじみがあるかもしれませんね。

これに対しフランスでは、社会人類学や文化人類学は一般に「民族学」と呼ばれてきました。日本語だとミンゾクガクという同じ音で「民俗学」という学問もあって紛らわしいのですが、フランス語では民族学をEthnologie、民俗学をFolkloreと呼ぶので間違いようがありません。

民族学とは自民族以外の民族（ethnos）を研究する学問で、民俗学は自民族の言語や社会生活を調査・研究する学問です。民俗学は、日本においては河童の伝説を取り上げたことで有名な『遠野物語』の著者・柳田國男によって始められた学問として知られています。

このように、イギリスやアメリカでは諸民族の文化だけではなく、生物学的なヒトの形質も含めて探究する学問が人類学と呼ばれてきました。隣接し合った学問どうしの総合化という意識を持っている研究者は、いわゆる文化人類学を中心にやっていても、自らを「人類学者」と名乗ることもあります。私自身も、そっちの範疇に入ると思っています。

社会人類学に文化人類学、民族学。この学問を指す名前は複数あり、本書の読者も読み進めていくうちに混乱してしまうかもしれません。ですので、本書ではこれらの名称を総合し、以降は「人類学」という言葉を使いたいと思います。そして状況や文脈に応じて、文化人類学や民族学という名称を適宜用います。

人類学の誕生前夜

人類学が本格的に発展していくのは、20世紀以降のことです。ここでは、その足がかりとして人類学誕生までの変遷を押さえておきましょう。

人類そのものや人間の文化を扱う研究領域がどの時期に、どのようにして現れたのかに関しては諸説あります。ですが15世紀以降、ヨーロッパがそれまで経験したことがなかった規模で「外の世界」と出合ったことが契機になったのは間違いありません。

ヨーロッパで絶対主義国家が興隆し、重商主義が発展したことで、15世紀末に大航海時代が始まりました。ヨーロッパは、海の向こうの未知なる「他者」たちに出合ったのです。その意味で人類学は、その歴史の始まりからして「他者」についての学問という性格を持っていました。

人類学の起源に関して、もうひとつ重要なこととして、ヨーロッパにおける人間の本質や人間社会の成立への関心の高まりが挙げられます。

ルネサンス期後半（16世紀）から啓蒙主義時代（18世紀）にかけて、国家というものが存在しない自然の中に置かれたら、人間はどのように暮らしていくのかという、「自然状態」に対する関心が高まったのです。

17世紀を生きた哲学者トマス・ホッブズは、自然状態に近い社会では、人間の本性がむき出しになり「万人の万人に対する闘争」が起きると唱えました。そして、その状態を治めるために社会契約を結んで、国家がつくられたのだと説きます。これを「社会契約説」と呼びます。この言葉を聞いたことがある読者もいるでしょう。

一方、18世紀の政治哲学者ジャン＝ジャック・ルソーは、自然状態の人間とは、自己愛と同情心以外の感情は持たない無垢な精神を持つ存在だと捉えました。

ルソーよりも20年あまり早く生まれたのが、啓蒙思想家のシャルル・ド・モンテスキューです。１７２１年の『ペルシャ人の手紙』は、架空の２人のペルシャ人の旅を描いている点で、後の「民族誌」の先駆けであったとも評されることがあります。１７４８年の『法の精神』は、政府の形態や諸国民の気質に気候が与える影響に関して、世界中の事例を用いて考察しています。

19世紀の人類学者①モーガン

こうした流れに対して、19世紀になると文化や社会を原始から文明に至る直線的な進化の過程として捉える進化論的な考え方が広まるようになりました。これはダーウィンによる生物進化論が興った時期と重なります。

なぜ西欧では社会を進化論的に捉える必要があったのか。それは、同時代の「未開人」と、ヴィクトリア王朝期のイギリスや工業化の時代を迎えたアメリカとを関係づける必要があったからです。つまりイギリスやアメリカの「文明化」した人々は、「未開人」から現在の「文明人」に至った自分たちの歴史を、進化の過程として捉えようとしたのです。その意味で言えば、ずいぶん傲慢な考え方です。そしてこの時代の人類学者たちもまた、進化論的な立場に立っていました。

ここで19世紀の進化論的な人類学者として、アメリカのルイス・ヘンリー・モーガン、イギリスのエドワード・バーネット・タイラーとジェイムズ・フレイザーの3人を取り上げてみたいと思います。

モーガンの本業は弁護士で、鉄道事業などにも関わる実業家でもありました。その一方で、ネイティブ・アメリカン保留地の買収契約を無効とする社会運動に加わっていました。彼はオンタリオ湖南部の先住民イロクォイとともに何年も過ごした経験があり、ネイティブ・アメリカンはとても身近な存在だったのです。そんなモーガンがある時、同じくネイティブ・アメリカンであるオジブワと出合い、その社会の中にイロクォイと同じような親族体系があることを発見します。その経験がきっかけとなり、彼は先住民の比較研究を進めました。

彼の大著『人類の血縁と姻戚の諸体系』では、進化論的な人間観が描かれています。モーガンは、父母だけではなくオジやオバをチチやハハと呼び、イトコをキョウダイと呼ぶような体系を「類別的体系」としました。

類別的体系とはつまり、直系尊属（父、母など）と傍系尊属（叔父、叔母など）の名称が区別されていない社会のことです。モーガンはこの体系を文明的に「遅れた」ものとみなします。そして直系と傍系の親族名称が明確に区別された体系を「進んだ」社会のあり方として捉え、「記述的体系」と捉えます。

彼は「類別的体系」を複数の男女が同時に婚姻関係にある、人間社会の過去の文化である集団婚の名残であると考え、そこから人類社会は発展していくのだという考えを展開させていきます。まさに進化論的な立場ですね。

モーガンの研究は、その後の人類学にとって重要なテーマとなる親族研究の礎になりました。

彼はまた『アメリカのビーバーと彼の活動』（1868年）と題する異色の著作も発表し、ビーバーの解剖学的所見やその生態について、観察に基づく報告を行っています。弁護士や実業家でありながらも人類学的な研究を並行して行っていたモーガンは、この時代において非常に幅広い視野を持った人物だったのでしょう。

19世紀の人類学者②タイラー

19世紀後半のこの時期、人類学ではモーガンが行った親族体系の研究と同時に、他の重要なトピックも取り上げられました。そのひとつが「宗教」です。とりわけトーテミズムが大きな関心対象として浮上してきます。

トーテムとは、元々はネイティブ・アメリカンであるオジブワの社会において、それぞれのクラン（氏族）が動物の種で表される習慣のことを指します。各クランには、種の名前が付けられています。それは彼らの神話の中に頻出する動物でもあり、さらに同じトーテム内の人々は婚姻関係を結ぶことができないという規則があります。

タイラーは1871年に刊行された『原始文化』の中で、宗教の起源とは何かを考察しています。彼は宗教の最小限の定義を「諸々の霊的存在への信念」と定め、人類の精神の深層に横たわる諸々の霊的存在についての教理を「アニミズム」と名づけて理解することを提唱しました。

人々は世界の至るところで死者に供物《くもつ》を供えたり、魂が宿ると信じられている木々や山や川を崇めたりします。タイラーは、夢の中に現れた魂を通して原始社会の人たちがこうした考え方を身につけるようになり、人々が魂や精霊や神に供物を供えたり、いけにえを捧げたりするようになったという仮説を提起しました。彼はトーテミズムがアニミズムから発展したと唱えたのです。

タイラーの人類学への貢献に関して、もうひとつ特筆すべきなのは、『原始文化』の中で文化の定義を行ったことです。

〈文化〉または〈文明〉とは（中略）知識、信念、技術、道徳、法律、慣習など、社会の成員としての人間が身につけるあらゆる能力と習慣からなる複合的な全体である。

タイラーは知識や宗教や法律、様々な能力や習慣からなる複合的な要素をすべて合わせたものが文化であるとしたのです。このことは、モーガンが取り上げた親族体系だけでなく、宗教やその他の様々な事柄も文化として捉えることができるのだという学術的な認識へとつながっていきます。

タイラーの議論は、後に細分化していくことになる宗教人類学、法人類学、芸術人類学などの地盤を用意したことにもなります。

19世紀の人類学者③フレイザー

もう一人、後の人類学に多大な影響を与えたフレイザーにも触れておきましょう。彼の著作として有名なものは、なんといっても『金枝篇《きんしへん》』です。内容は知らなくても、この本のタイトルだけは聞いたことがある、という人は多いのではないでしょうか。『金枝篇』は1890年から1936年にかけて公刊された、十三巻からなる労大作です。

『金枝篇』は、古代ローマのネミ湖のほとりにある神聖な森の祭司であり王である人物が、前任者を殺すことによってその地位を継承するという伝説を解明することから始まります。その後、この「王殺し」の解釈を拡大し発展させて、世界各地の厖大《ぼうだい》な資料を渉《しょう》猟《りょう》していったのです。

みなさんは1979年に公開された、フランシス・フォード・コッポラ監督の『地獄の黙示録』という映画を観たことがあるでしょうか。ベトナム戦争時に米軍の指揮下を離れ、カンボジアに王国を築いたカーツ大佐の殺害の命を受けて、ウィラード大尉が洞窟に住むカーツを訪ねます。そのシーンで、何気なく『金枝篇』が置かれているのです。その映画では、王を殺害したウィラードを国民が「新たな王」として迎える演出がなされます。『地獄の黙示録』のひとつのテーマは「王殺し」だからです。

「王殺し」に加えて、『金枝篇』には、もうひとつの重要なテーマがあります。それは呪術です。

フレイザーは呪術を2つの型に分類しています。ひとつは「類感呪術」です。これは呪術の対象と似たものを持ってきて、操作を加えるというものです。「似たものは似たものを生み出す」という考えに基づいた呪術です。たとえば、火を焚いて黒い煙を出すことで雨雲を発生させ、雨を降らせる「雨乞いの呪術」があります。なぜ黒い煙を意図的に出そうとするかといえば、それが雨雲の色と似ているからです。このように、類感呪術には似たものを持ってきて、それを操作し目的を達成するという考え方が潜んでいます。

もうひとつは、「感染呪術」です。これは呪術の対象となるものの一部であったり、呪術の対象となる人が触ったり使ったりしていたものを用いて、呪いをかけるものです。対象の一部や対象が触ったり使ったりしていたものは、その人物から切り離された後にも、元の持ち主に効果を及ぼすと考えられます。たとえば、呪いをかけたい人の髪の毛や爪、あるいは衣服などがこれに当たります。抜け落ちた髪や、爪を切った後の爪カス、脱ぎ捨てた衣服などを拾ってきて、これに呪文を唱えると、当の人物は怪我をしたり、病気になったりするのです。

フレイザーは呪術を類型別に整理しながら、人間は呪術によって様々な現象を統御し、支配することができるのだと考えました。それは科学とも似ていますが、本質的に異なります。科学が合理的な因果関係に根ざしているのに対し、呪術は誤った因果律に基づいているからです。フレイザーは、人間は呪術から宗教へ、そして科学へと至るという説を唱えました。これもモーガンと同じく、進化主義的な考え方ですね。

デュルケームと機能主義

2章以降で詳述しますが、これら進化主義的な説を唱えた19世紀の人類学者たちに対して、「あなたたちはぬくぬくとした部屋で資料を読み漁り、頭の中でしか人間を知ろうとしていない。それでは本当の『生』の理解には辿り着かない。研究室を飛び出し、人間にまみれてこそ研究を深めるべきだ」と不満を覚える若い人類学者たちが現れました。彼ら20世紀の人類学者たちは、フィールドワークに基づく新しい人類学を推進していったのです。上の世代に対してこのままではいけないと危機感を募らせる若者が、自分たちの熱意によって世界を切り拓く。それはどの時代や分野にでも起きることなのでしょう。

そして、その立役者こそが前出のマリノフスキでした。彼が構想した人類学は、人間の「実際の生」(actual life)を直に観察し、生の全体性を描き上げようとするものだったのです。マリノフスキに関しては2章に譲り、ここでは前段階として20世紀前半の人類学に大きな影響を及ぼしたデュルケーム社会学に触れておきたいと思います。ポイントは、「集合表象」と「機能」という考え方です。このデュルケーム学説は、次章以降の布石にもなります。

エミール・デュルケームは、『社会学的方法の規準』（１８９５年）の中で、そもそも社会学が研究対象にすべきなのは、個人の性質、選択、選好を超えたところにある「社会的事実」だと断じます。その上で、集団の中で個人を拘束するものを「集合表象」と呼び、社会学的分析の中心に位置づけました。

たとえば、ある集団の人たちが太陽を神として崇めるのは、その社会で「太陽は神だ」という価値観が共有されているからです。彼らは個人という存在を飛び越え、その価値観を受け入れています。つまり、彼らは集団の中に共有されている「集合表象」に従っているのです。

「集合表象」は、未開社会と文明社会のどちらにも区別なく存在しています。デュルケームは、それらを比較研究することで、人間社会の特質を探り出すことができると考えたのです。彼は当時入手可能だったオーストラリアや北米の先住民社会の民族誌文献を活用しながら、宗教や儀礼に関して考察分析を進めました。

彼はまた、『社会分業論』（１８９３年）の中で、分業の進んだ近代社会において、異なる暮らし方をする人たちが「有機的連帯」によってひとつの社会をつくり上げるさまを描き出しています。デュルケームは社会のあらゆる現象や事柄が互いに働き合う、つまり「機能」することで社会という全体がつくり上げられていると考えたのです。

そうしたデュルケームの考え方は、「未開社会」での長期フィールドワークをつうじて人間社会の制度や慣習を分析しようとするマリノフスキの人類学につながっていきました。マリノフスキはデュルケーム社会学を継承しつつ、制度や慣習の機能を文化や社会との関連において解明することを重視したのです。マリノフスキの研究はその後、「機能主義」人類学と呼ばれるようになりました。

さて、ここまでの流れをまとめましょう。15世紀以降、西洋文化が「外部」の世界と接触することで、少しずつ人類学が生まれる土壌が形成されていきました。17世紀から18世紀に入るとホッブズやルソー、モンテスキューが、人間存在とは何か、人間社会とは何かを深く考察しました。そして19世紀に入るとダーウィンの生物進化論と軌を一にして、モーガンやタイラー、フレイザーが進化論的な人類学を発展させていったのです。

ですが、19世紀の人類学者たちの仕事場はあくまで書斎であり、安楽椅子に座ったままの研究に過ぎませんでした。人の「生」をありのまま捉えるには、書斎を飛び出して現地に飛び込まなければいけない。そう考えて西太平洋でのフィールドワークに乗り出したのがマリノフスキだったのです。そしてそれは、人類学にとっての新たな挑戦を意味していました。マリノフスキは、デュルケームの機能主義を携えて、新時代の人類学を切り開いていったのです。

これで準備は整いました。次章以降は、いよいよ人類学に大きなパラダイムシフトを起こした学者たちに登場してもらい、その足跡を辿っていきましょう。

2章　マリノフスキ――「生の全体」

文献だけでは分からないので、現地に行ってみる

どのような分野であれ、人は何かを知りたいと思ったとき、まずはこれまで先人たちが残してきた書物を探します。そして目的のことが書かれている本や文献、資料にあたれば、たいていのことはイメージが摑めるでしょう。

しかし、それで本当に知りたいことの「すべて」が理解できるわけではありません。異国の人々を知ろうとする人類学ならば、なおさらです。遠く離れた場所に住む人たちのことは、本だけでは分かりません。どうしても理解できない部分がモヤモヤと残ります。それならば実際に現地に行って、見てみることで、謎は解決に向かうはずです。そして現地での滞在は短期ではなく、長期に及ぶほど理解は深まるでしょう。

そのことを人類学の中で突き詰めた人がいます。ポーランド生まれのブロニスワフ・マリノフスキです。彼はフィールドに出かけて長期間にわたって現地に住み込み、その土地の言語を身につけて調査を進めました。

マリノフスキは現地の人たちが行っている行事や儀礼、仕事、その他の様々な出来事に参加（参与）しながら観察を行う「参与観察」という手法を編み出しました。この参与観察は、現在でも人類学において非常に重要な研究手法として受け継がれています。彼は現場

主義に徹した最初の人類学者だったのです。

そもそも前章で触れたように、19世紀から20世紀にかけての人類学では、文化を直進的に進化発展するものとして捉える「文化進化論」が優勢でした。19世紀の人類学者たちが「安楽椅子の人類学者」と揶揄《やゆ》されたように、彼らは探検家や旅行者、宣教師などによって記録された二次資料に基づいて、机の上で仕事をしていたのです。

文化進化論の目的は、文化の諸要素を当該社会の全体性から切り離して比較し、時間的な前後関係に並べ替えることでした。要するに、文献で得た情報をつなぎ合わせるパッチワークです。

ブロニスワフ・マリノフスキ（提供：Alamy/PPS通信社）

ですが、頭の中だけの世界に終始するそうした研究方法には限界があります。そこでマリノフスキは実地に調査に出かけて、文化をより深いところで捉えようとしたのです。
マリノフスキは、共同体を外から眺めて「この社会はこうなっている」と表面的に断じることをしませんでした。むしろ内部に潜入して、自分の目の前で起きていることの細部にこだわりながら記録し、人間が生きているさまを生々しく描き出したのです。彼の生み出したやり方をひとつのモデルとして、20世紀の新しい人類学のスタイルが切り拓かれたのです。

目の前で繰り広げられている出来事をその場でわしづかみにするフィールドワークは、社会が儀礼や経済現象、呪術などが複雑につながり合ってひとつの統合体として成立していることを教えてくれます。そしてマリノフスキはその複雑なつながり合いを「機能主義」として理論化し、旧来の人類学を打ち破りました。マリノフスキは、人間の生きている全体をまるごと理解することを提唱したのです。

マリノフスキの生い立ち

マリノフスキは1884年、ポーランド南部の古都クラクフに生まれました。父は著名なスラブ語学者でしたがマリノフスキが幼い頃に亡くなり、彼は母子家庭で育ちました。若くして父を失ったマリノフスキですが、仲間たちと詩や論文を読み耽り、19世紀末のヨーロッパの文芸思想に親しむ少年時代を過ごします。

クラクフにあるヤギェウォ大学に入学したマリノフスキは、最初、物理学と数学を専攻しました。その後、次第に哲学に関心を移し、『思想の経済性についての考察』という題の卒業論文を書き上げます。そうして哲学を研究する中でフレイザーの『金枝篇』(1章参照)を読む機会を得て、人類学に惹かれていったのです。

マリノフスキは、ドイツのライプツィヒ大学で民族学者カール・ブリュッヘルと民族心理学者ヴィルヘルム・ヴントのもとで学んだ時期がありました。ヴントは、その頃広がっていた、文化を進化論的に見る考え方に対して批判的な姿勢をとっていました。個人の意識や心理の発達を、言語や神話、慣習などの社会の諸要素との関係の中で捉えようとしたのです。それは1章で紹介したデュルケームの「集合表象」にも近い考え方でした。

1910年にイギリスに渡ったマリノフスキは、ロンドン・スクール・オブ・エコノミクスの大学院に入学します。そこで彼は、ニューギニアでの調査を終えて『英領ニューギニアのメラネシア人』を出版したばかりのチャールズ・ガブリエル・セリグマンと、幼少期にともに育った男女同士は性感情を持たなくなるという「ウェスターマーク効果」の提唱者であるエドワード・ウェスターマークから学びました。

マリノフスキはウェスターマークのもとで『オーストラリア先住民の家族』という論文を書き、科学博士号を取得しています。しかしマリノフスキはこの頃から、文献だけに依拠する研究には限界があると感じるようになりました。文献でしか知らないオーストラリアの先住民に実際に会って、自身の目でその暮らしを確かめてみたいと思い、奨学金を願い出て、それが認められます。

ところがマリノフスキがオーストラリアに渡っているちょうどその時に、第一次世界大戦が勃発します。オーストリア国籍で、敵国人でもあったマリノフスキは収容される恐れがありました。そうなると研究どころではありません。ですが、彼はオーストラリア政府から保護観察処分とされます。さらに彼が望むのならば南西太平洋地域での現地調査をしてもいいとの許可を与えられ、その上資金提供まで受け取るという幸運に恵まれたのです。マリノフスキの思いがけない僥倖《ぎょうこう》によって、結果として人類学が大きく進展することになりました。そう考えると、研究者の個人的事情と時代背景、学問の発展との関係は、本当に不思議なものです。

20世紀の人類学を切り拓いた男

マリノフスキはこの機会を活かし、ニューギニアでの長期のフィールドワークに出かけました。最初の調査は1915年、ニューギニア南部のマイルー島での約6ヵ月にわたるものでした。マリノフスキはその後も2回のフィールドワークを実施しています。2回目の調査はニューギニア島北東沿岸沖のトロブリアンド諸島で、1915年から1916年にかけてでした。3回目は1917年から1918年にかけて。彼は最初のフィールドワークを含め3回、計2年間にわたる現地調査を実施しました。

マリノフスキは現地に暮らす人々が海を越えてカヌーで航海したり、呪文を唱えたりする行動を事細かに記録し、個々人の姿を「民族誌」の中に描き出したのです。そして、そうした現地の人々の様々な活動が合わさることで、社会という全体が形づくられているのだと唱えました。

彼の示した文化の見取り図は、「機能主義」と呼ばれることになります。実地調査に基づいて機能主義的な見方を示すことで、19世紀以降の人類学を大きく刷新したのです。

ここでいったん立ち止まって、民族誌と機能主義の説明をしておきましょう。どちらも人類学を語るうえで重要な用語です。

民族誌（エスノグラフィー）とは、ある民族（エスノ）に関して、体系的に分かるように書かれた記述（グラフィー）のことです。それは、たいていの場合、宗教や政治や経済や音楽などの特定のトピックのもとに書かれます。マリノフスキ以降、長期のフィールドワークを行った人類学者が帰国後に書き上げた民族誌が蓄積されるようになり、20世紀の人類学が形成されていったのです。

機能主義の「機能」とは、機械や組織の中で、各パーツや部署が果たす「働き」のことです。

時計を例にとってみましょう。秒針や歯車などの各部品がそれぞれきちんと機能し、電池がうまく働けば、時計は正確に作動するでしょう。このように、ひとつの「部品」が全体の一部として機能し、その全体を動かしているという考え方が機能主義です。機能主義は私たちの生活に引きつけて考えることもできます。会社を例にしてみても、社員ひとりひとりがそれぞれの部署でいい働きをしたら、その会社はきっと高い業績を上げることができますね。繰り返しになりますが、機能主義とは要するに、様々な「部分」が「全体」に対してどのように働いているのかを探り、全体がどのように成り立っているのかを理解しようとする立場のことです。

いま、自分がやっていることが組織や社会という全体の中でどのような意味を持ち、機能しているのか。それを客観的に捉えることは、生きていく上で自分の立ち位置、現在位置を認識するためにもとても重要な視点です。その意味で、マリノフスキの機能主義は現代社会にも息づいている思考法なのです。

フィールドでの日記

マリノフスキを語る上で欠かせないものがあります。日記です。

マリノフスキはフィールドにおいて、自身の葛藤を詳細に綴った日記を残しています。

それは、誰と誰が父子であるとかキョウダイであるとか、調査の中で分かったことを整理するためのフィールドノートとは別に、日々自分の心の中で起きていることを記録したごくごくプライベートな日記です。

彼は初回のマイルー島と3回目のトロブリアンド諸島での調査の際、ポーランド語で日記を付けていました。それらは私的なものだったので、マリノフスキ自身がずっと持っていました。

ですが1942年、マリノフスキの死の直後に、彼の友人が研究室で蔵書と原稿を整理している際、たまたまその日記を発見したのです。そしてその日記は英訳され、後の1967年に出版されることになります。

驚いたことに、『マリノフスキ日記』には、現地の人々に対する嫌悪感や敵意などが露骨に綴られていました。それは20世紀の人類学を切り拓いた偉大なマリノフスキというヒロイックな偶像を破壊する衝撃を各方面に与えました。

『マリノフスキ日記』の内容を取り上げて、彼自身の人格や調査者としての倫理の問題を指摘するのは簡単なことです。ですが、それは短絡的な捉え方ではないでしょうか。

私はむしろ、この日記を、あるがままの現実を知りたいという熱意を抱き、慣れない場所で調査を続けるマリノフスキが、心の奥底から絞り出した苦悩や希望、不安を吐露した資料として読むことが重要だと考えています。フィールド日記には個人的な心情が綴られているだけでなく、調査研究につながる重要な記述も多く含まれています。ここでは、マリノフスキの業績を「民族誌」と「日記」の、2つの「合わせ技」として捉えてみたいと思います。

現地人への苛立ち

まずは日記の「負」の側面からみてみましょう。『マリノフスキ日記』にはところどころに、現地の人たちに対する激しい嫌悪や憤りの思いが綴られています。これは紛れもない事実です（本書では、邦訳書からの引用では、諸状況に鑑みて適切でないと思われる表記を適宜変えています）。

昨晩も今朝も、舟を漕いでくれる人を探したが見つからなかった。そのため、白人としての怒りと、ブロンズ色の肌をした現地人に対する嫌悪が高じ、憂鬱もあいまって、「その場に坐りこんで泣き出したい」衝動に駆られ、「こんなことから逃げ出したい」と切望した。（B・マリノフスキー『マリノフスキー日記』谷口佳子訳、平凡社、1987年、381—382頁）

現地人たちにはいまだに腹が立つ。とくにジンジャーに対しては、もし許されるのなら死ぬほど殴りつけてやりたいくらいだ。（同書、406頁）

ここで書かれているジンジャーとは、現地人の名前です。これらは、マリノフスキの内心の率直な吐露です。

舟を漕いでくれる現地人が見つからなかったことに怒り、日頃からの憂鬱も手伝って泣きたい衝動に襲われ、逃げ出してしまいたいと思ったというのが、最初の文章です。2つ目のものは、名指しで、ジンジャーには腹が立って、殴りつけてやりたいと語っています。私自身も経験がありますが、フィールドではすべての人と仲良くすることなどできません。人間には好き嫌いがあるのは当たり前のことです。マリノフスキのように現地の人たちに憤りや怒りを感じることがあっても、まったくおかしなことではありません。

私はむしろ、日記の中で嫌悪を表したり、感情を爆発させたりすることが、見知らぬ土地でマリノフスキが右往左往しながら現地人たちと交流を行っている生々しい事実を示していると感じます。外見を取り繕った内容よりも、よほど真実味があります。

それだけではありません。白人が植民地のど真ん中で現地の人たちに苛立ちを覚えることは、植民地の「ままならぬ他者」にヨーロッパが翻弄されているとも思えて、とても興味深く感じます。

フィールドにおける困難

いずれにせよ、マリノフスキはフィールドにおいて居心地の悪さを感じていました。では、現地で人類学者が感じる困難とは、いったいどのようなものでしょうか。ここでは、マリノフスキのフィールドワークからおおよそ100年後の現代における私自身のフィールドワークを比較対照させて、考えてみたいと思います。

2006年、私は当時勤めていた大学の研究休暇を利用して1年間の予定でマレーシア・サラワク州（ボルネオ島）のブラガ川上流に住む狩猟民プナンのフィールド（左ページ写真）に赴きました。最初、彼らの話すプナン語は雑音にすぎず、何を言っているのかが全然理解できず、苛立ちを感じたことを覚えています。

トイレはどこにも見当たらず、森の中で人に見られないように済ませなければなりませんでした。人びとからなにかにつけて現金を無心され、貸しても返ってきませんでした。自分用に持ち込んだ缶詰やラーメンなどは、食べものがない時に持ち出され、なくなってしまいました。プナンが森から持ち帰ってくる獲物のうち、リーフモンキー、カニクイザルの肉は私にとってはとてもまずく、喉さえ通りませんでした。そのような時に、私はなんでわざわざこんな辺鄙《へんぴ》な場所に来てしまったのかと思い悩み、日本国内で空調の効いた部屋で快適に仕事をやっていたほうがどれだけよかったろうかと心の底から思ったのです。

実際はその後、葛藤を抱えながら現地で暮らしていくうちに、だんだんと自分自身がその土地に馴染んで一体化していくようになります。それがフィールドワークの醍醐味とも言えます。ですが、やはり現地に入った当初はストレスフルで精神的にも追い込まれるものです。私もフィールドに入って最初の数ヵ月は「こんなところに来なければよかった」と後悔ばかりしていました。

ボルネオ島プナンでのフィールドワーク（著者撮影）

マリノフスキの感じていた現地での居心地の悪さは、私が感じたものとそれほど差はなかったのではないかと思っています。マリノフスキはヨーロッパ社会から隔絶した土地で、健康に不安を抱えながら、ままならぬ他者と接する中で苛立ち、腹を立てたり、現地の女性たちに性的な欲望を感じたりしながら、結婚相手となる白人の女性たちのことを妄想する、悩み多き日々を送っていたのです。

女性への欲望と思い

いかに研究目的でフィールドワークをしていても、人間である以上は性欲を抱えて、それを持て余すのはとうぜんのことです。それを不自然に抑え込むよりも、正直に吐露した方が人間としては自然な姿でしょう。実際、マリノフスキは日記の中で、激しく女性への欲望を吐露しています。

ベランダに出て精神の集中と高揚をはかったが、イングリッシュの召使いである現地人の少女たちに荒々しい性欲を感じて、中断されてしまった。(同書、137頁)

夫人に近づきになる機会を伺っていた。彼女はまったく無教養ではあるが、馬鹿ではない。頭のなかで彼女を裸にしてみて、ベッドに連れ込むまでどの位かかるか計算までした。(同書、171頁)

日記の中では、このように目の前にいる現地人の女性や、現地にいる白人の女性に対する欲望が綴られています。他方で、以下のような記述もあります。

E.R.M.を妻にしたい。ほかの女で肉欲を満たそうと考えるなど、もってのほかだ。彼女と一緒に暮す日のことをひたすら夢見る。(同書、245―246頁)

きわめて不必要ながら、神経が高ぶる。だが再びひとりになり、心のなかではいつでもE.R.M.の元へ帰っていけるのだと思うと、愉快だった。(同書、269頁)

このように、E.R.M.への思いが綴られている箇所がところどころにあります。E.R.M.とは、当時オーストラリア北部に住んでいた、マリノフスキの最初の妻となるエルシーのことです。マリノフスキは、ニューギニアでの2回目の調査からオーストラリアに戻った時に、調査資料の整理の手伝いをエルシーに依頼しました。それが2人の出合いとなったのです。エルシーのかつての婚約者は第一次世界大戦で戦死しており、そのことがきっかけで彼女は当時、病院で従軍看護師の訓練を受けていました。

病院での訓練の合間を縫って、エルシーはマリノフスキの仕事に協力するようになります。マリノフスキはその後、トロブリアンド諸島にフィールドワークに赴き、密かに彼女との結婚を考えるようになったのです。マリノフスキがしきりに彼女のことを日記に綴るようになったのは、そのためです。エルシーの両親は、マリノフスキの知性には敬意を払っていたのですが、彼の性格が気に入らなかったようです。両親は彼らの結婚に反対しており、マリノフスキは複雑な思いを抱えていました。『マリノフスキ日記』の中では、エルシーへの恋心が、他の女性に対する記述を量的かつ内容的に圧倒しているのですが、他にもマリノフスキの母や婚約者ニーナ（N.S.）を含め、たくさんの女性のことが綴られています。

『未開人の性生活』

『マリノフスキ日記』の女性に対する記述を読むと、そこでの彼自身の恋愛に対する思いが、性愛や家族をめぐる重要な研究につながっていることが分かります。日記の内容がフィールドワークと深いところで関係しているのです。ここでは、特にそのことが顕著に現れた著作として『未開人の性生活』を取り上げてみましょう。

マリノフスキは『未開人の性生活』を以下のような書き出しで始めています。

異性がもたらす魅力とそれが産みだす情熱的なまたセンチメンタルなできごとは、人間の生存にとって、もっとも重要な意味を持つ。それはまた人間の内面的幸福や人生の妙味、意義などにもともと深く結びついている。それゆえ、特定の社会を研究する社会学者にとって、個人の性愛生活をめぐるもろもろの慣習、観念、制度の研究は、基本的な重要性をもつものである。（マリノウスキー『未開人の性生活』泉靖一・蒲生正男・島澄訳、新泉社、1971年、15頁）

マリノフスキは異性の魅力に惹かれて情熱を燃やしたり、その欲望をもてあますことは人間の生存にとってもっとも重要であると書いています。つまりマリノフスキは、現地に暮らす自身の中で湧き起こった感情を受け止め、さらにそこに生きる人々へとその思いを広げているのです。その意味で、人類学者にとってのフィールドワークにおけるテーマとは、自分自身と他者が出合う共通の場で生まれ、成長していくものだと言えます。

ところでトロブリアンド諸島は、母方の系統によって家族や血縁集団を形成する、いわゆる「母系社会」です。人類学において親族関係をどう捉えるかは非常に重要な問題ですので、ここで母系社会に関して説明しておきましょう。

人はたいていの場合、父か母のどちらかの出自を辿って、家族の成員に組み入れられます。父系社会では、子どもが父の子であることによって父の家族の成員になります。一方、母系社会では、子どもが母の子であることによって母の家族の成員になります。その2つの家族形態以外にも、それらのいずれでもない双系社会や、両者が共存している重系社会などがありますが、ここでは父系と母系に絞って説明します。

ほとんどの父系社会は、父系の男性祖先から父を経由して息子へと至る親族制度によって維持されています。これに対して母系社会では、成員権と財産は、男性からその息子ではなく、その姉妹の息子に引き継がれるのがふつうです。母系社会の家族とは一般に、母親の系統によって母方オジ、母親、オイ、メイから構成される集団です。オイから見て、父親よりも母方オジの権利のほうが優越しています。要するに、男の子からみると、実の父親よりも母方のオジさんのほうが近しい存在なのです。そこでは、父親は子どもに対して法的な権利を持ちません。

トロブリアンド諸島の母系社会では、人は死ぬと「トウマ」と呼ばれる死者の島へ行き、幸福な生活を送ると考えられています。死者の霊は、トウマでの生活に飽きると、現世に戻るために「霊児」になるとされます。そしてトロブリアンド諸島に戻り、女性の体内へと入っていくのです。つまり、女性が妊娠して子どもを出産するのは、霊児が彼女の身体に宿ったからだと考えていたわけです。血液は子どもの身体をつくるのを助ける働きがあります。だから、妊娠すると月経が止まるのだとトロブリアンド諸島の人々は説明します。
このように、マリノフスキの調査当時のトロブリアンド諸島では、霊児が体内に入ることで女性が妊娠すると考えられていました。そこでは、父親の精液は妊娠には関係ないとされていたのです。トロブリアンドの人たちにとって、精液が受胎にたいしてなんら価値を持たなかったのです。もちろん妊娠にあたって、トロブリアンド諸島の女たちは男たちと性交渉を行っていたはずです。しかし彼らは性交渉を妊娠の直接的な原因とは考えていませんでした。それに関して、マリノフスキは、幾つかの興味深い事例を紹介しています。そのうちのひとつは、以下のようなものです。

ライセタは私の友人で、シナケタの立派な舟乗りであり呪術師であった。彼は青年期の後半をずっとアムフレット諸島で送っていたが、帰ってみるとその間に妻が二人の子どもを生んでいた。彼は子供達も妻も非常に可愛がった。私がこの件を他の事と一緒に論じている際、少なくとも二人の子供のうち一人は彼の子ではないと暗示したのだが、彼は私のいうことを理解できなかった。(同書、146頁)

男はしばしば、別の島に出稼ぎに出ます。夫が長期間留守にするわけです。その後、夫が出稼ぎから帰ってくると、いつの間にか妻は子どもを出産している。そのような場合、私たちなら妻は不義を働いたと考えるでしょう。しかし20世紀初頭のトロブリアンド諸島では、人々はそうは考えなかったのです。

夫は妻を咎《とが》めず、むしろ大喜びをしてかわいがり、自分の子どもとして慈しんで育てました。彼らにとって、生殖は性交渉の結果だとは考えられていなかったからです。

彼らの生殖理論はまた、母系社会の論理に密接に関わっています。そこでは家族の成員は母系の系統だけであり、父親は家族の成員ではありません。父親の代わりに子に対して法的な権利を持つのは、母のキョウダイ、すなわち母方のオジなのです。そうした社会的な現実に対応するかたちで、トロブリアンド諸島では、父親が提供した精液が受胎になんら価値を持たないのだと考えられていたのです。

驚くべきことかもしれませんが、こうした異文化の現実を知ると、日本人である私たちの考えだけが正しいのではないことが分かります。私たちが普段、常識だと思っていることだけが、常識ではないのです。自分たちとはまったく違うルールの中で生きている人たちの生き方、あり方を知る。それこそが人類学の醍醐味です。

マリノフスキはライセタという友人などを取り上げて、トロブリアンド諸島の人たちの性愛生活にまで踏み込んで記述し、それを親族関係や人々の暮らしとの関係の中に描き出しています。こうしたマリノフスキの課題探究には、『マリノフスキ日記』の中で綴られた彼自身の性愛生活に対する関心が色濃く反映されているのです。

マリノフスキの文化理論

過去にドイツのライプツィヒ大学で民族心理学者ヴントから指導を受け、さらにロンドン・スクール・オブ・エコノミクスで男女の心理発達を研究したウェスターマークに教えを受けたことからも、マリノフスキは心理学や精神分析学に対する関心が強かったことがうかがわれます。

彼はトロブリアンド諸島民の性生活と社会活動を機能主義的に結びつけた上で、それをより抽象化・理論化するために心理学理論を用いています。また、マリノフスキはトロブリアンド諸島の母系社会における母方オジと男児の関係を例にとり、父と子の生物学的関係を論理の基礎として組み立てたフロイト精神分析学を批判しています。

そのようにして、マリノフスキは１９２０年代後半からアメリカに渡って研究を進める中で、アメリカ人類学の心理学的な傾向に感化されながら自らの文化理論を深めていきました。マリノフスキの死後、１９４５年に出版された『文化変化の動態』では、彼の文化理論が詳説されています。

衣、食、住などの生活様式には、個人の「欲求」を充足させるための「機能」があるというのがマリノフスキの文化理論の骨子です。個人の基本的な「欲求」とは、新陳代謝、生殖、身体の安全や運動、成長、健康などのことです。つまり食べる、セックスする、運動する、などの人間としての当たり前の活動です。また、人間は個人の「欲求」を満たすために様々な「活動」を行っています。たとえば生殖のための結婚、健康を維持するための医療などです。そしてそうした人間の様々な「活動」は複雑に絡まり合いながら、家族、地域社会、村や町、組合、工場、民族といった「制度」をつくり出しています。これは現代日本を生きている私たちにとっても、すんなり納得できる理論ではないでしょうか。

さらに、そうした「制度」がいったん確立されると、今度は、その「制度」が個人の「欲求」を促進したり、抑え込んだりするようになります。たとえば村の人口が減ると、自治体がお見合いパーティーを開いて個人の生殖への「欲求」を促そうとするでしょう。実際、町を挙げての婚活パーティーは、いまの日本でも盛んに行われています。それもある意味で、マリノフスキの文化理論で説明することができます。

では、マリノフスキはなぜ個人の「欲求」の充足という観点を重視したのでしょうか。それは、彼が人間を理解するためには、社会や文化的な次元に焦点を当てるだけでは不十分だと考えたからです。社会的につくられた「制度」は、日常の人間の活動をつうじて個人の「欲求」を充足させたり、抑制したりすることに深く関わっています。だからこそ人間理解のためには個人の生理的・心理的次元にまで目を向ける必要があるというのが、彼の仮説でした。

彼は、人間社会全体を知るためには、ひとりひとりの人間の心のありように注目しなければならないと考えたのでした。社会や文化、生理や心理のそれぞれをバラバラに捉えていたのでは、人間の「生の全体」の理解に到達することはできません。マリノフスキの文化理論は、人間を知るためには、その生理や心理の次元にまで踏み込んで考察分析するべきだというものだったのです。

ことばの厳格な意味での日記

ふたたび『マリノフスキ日記』に戻りましょう。日記の第2部は、1917年から翌年にかけて綴られたものです。その最初に、以下のような言葉が添えられています。

日記――ことばの厳格な意味において

人生に生起する日々の出来事を、順番に、一日の例外もなく必ず書きつけよう――毎日、前日のことを。そこには、さまざまな出来事、道徳的な評価、我が人生の主因のありかや、翌日の計画のことが映し出されることだろう。

ともかく、この計画のすべてが私の健康状態の如何にかかっている。現在もし十分に健康でありさえすれば、仕事に専心し、婚約者に誠実たらんと努め、仕事同様人生に対しても深みを加えるという目的のために、私の全身全霊を捧げねばならない。（『マリノフスキー日記』162頁）

ここで彼は、なぜ日記をつけるのかという意義を自らに向けて問うています。注目すべきは、マリノフスキが、仕事と同じように、人生に深みを加えるために日記を書くのだと宣言していることです。そのことば通り、仕事、すなわち彼の研究に関する記述は限定的で、日記の後半に進むにつれて、自らの人生をどう生きるべきかという記述が増えていきます。

要するにフィールドにおける日記とは、生理と心理の産物なのです。フィールド日記に限らず、すべての日記とは、そういうものかもしれません。朝起きて気分が爽快だったとか、飲み過ぎで体が重かったとか、誰某に言われたことで傷ついたとか、○○のバカヤロー！　とか、生理状態や心を支配していることを書きつけるのが、私的な日記に他なりません。『マリノフスキ日記』にもはっきりとその傾向が見られます。

参与観察とは何か

マリノフスキ以前に、現地の言語を習得した上で調査を行った人類学者は少なかったし、現地で1年以上生活した人類学者もほとんどいませんでした。以前の現地調査は「未開の地」に赴く宣教師や旅行者、商人のうち、人類学に興味を持つアマチュア調査者向けの手引書『人類学質疑応答』に掲載されている項目に基づいて行われていました。そのため、調査報告は生気を欠いた、通り一遍のものになる傾向にありました。

マリノフスキは、そのような報告書を書いても意味がないと考えていたようです。自分の内面まで赤裸々に吐露するフィールド日記をつける営みは、マリノフスキによって始められた「伝統」だと言ってもいいかもしれません。たいていの人類学者は現地でフィールドノートやデータ記録だけではなく、私的な覚え書きも残しています。現在に至るまで人類学者たちが必携するフィールドノートと私的な日記の元祖はマリノフスキだったと言ってもいいかもしれません。

マリノフスキは長期にわたって現地滞在することで、現地語を身につけて人々と直接コミュニケーションを取りました。そうすることで、人間の生きているさまを描き出すのに有効な調査を実施する秘訣を発見したのです。彼以降、人類学者はフィールドで「参与観察」という経験的な手法で調査を進めることが一般的になりました。

ここで、参与観察という用語についても説明しておきましょう。参与観察とは、現地の人々が働いたり話をしたり、儀礼を行ったりしているところに実際に参加（参与）しながら、他方で観察を行ってデータを収集する調査研究の手法です。この手法で調査を行うには、人々の住む場所に入り込んで、現地で話されている言語の習得をすることが必須となります。とうぜん言語の習得には時間がかかります。語彙の収集も重要な調査項目です。参与だけして観察するのが疎かになると十分なデータが得られませんが、観察にばかり徹して参与をしないでいると、中途半端な見通しだけで現地の人々を理解してしまうことになりかねません。長年フィールドワークをしてきた私自身、このあたりの塩梅《あんばい》が難しいと感じてきました。ですが、参与と観察をバランスよく実践することができれば、人類学者は「生の全体」を描き出すことができるのです。さらに参与観察には定式化されたやり方があるわけではなく、人類学者はフィールドに入って、現実に合わせながら自らの参与観察の方法を調整していくのです。

1922年に出版された『西太平洋の遠洋航海者』の「序論　この研究の主題・方法・

範囲」は、研究方法の説明にあてられています。その中で彼は調査研究の原理を、以下の3つに整理しています。

1つ目が、研究者が「真の学問的な目的」を持っていること。2つ目が、そのために「ふさわしい環境」に身を置くこと。3つ目が、証拠を集め、決定する専門的な方法を用いることです。その中でも、マリノフスキは2つ目の「民族誌的調査にふさわしい環境」について、著作の中で真っ先に説明しています。

生のインポンデラビーリア

では、マリノフスキの言う調査にふさわしい環境とは何でしょうか。

私自身も経験があるのですが、現地で生活し始めると、初めは目に映るものすべて新鮮で驚きに満ちています。ところがその暮らしに慣れ始めると、初めは驚愕していた現地の人々の振る舞いも見慣れた日常の風景になっていきます。それは悪いことではありません。現地の人々の考え方の微妙なニュアンスが、自分の中に浸透してくるからです。そして、次第に人々が行う喧嘩や交わす冗談、家族生活の出来事など、昼間に起こったことなら、なんでも手に取るように分かるようになります。その過程で、現地の人々と自分自身が、次第に一体化していくような感覚を覚えます。

このような調査環境の中で長期にわたって暮らした後に、調べたことや経験をまとめることになります。それが前述した「民族誌」(エスノグラフィー)です。

マリノフスキは、学術的な調査報告の中には「骨組み」が描かれていて、そこから多くのことを学ぶことができると述べています。ただ、そうした「骨組み」だけだと、長期にわたって現地に身を置いて、人類学者がほんとうに分かるようになったことが十分には生かされていないことになります。

マリノフスキは、外形的な枠組みの整合性ばかりに気を取られている調査報告では、「人間の生活の現実、日常の出来事の静かな流れ、祭りや儀式、またはある珍しい事件をめぐって起こる興奮のざわめきを想像することも、膚で感ずることもできない」(B・マリノフスキ『西太平洋の遠洋航海者 メラネシアのニュー・ギニア諸島における、住民たちの事業と冒険の報告』増田義郎訳、講談社学術文庫、2010年、54頁)と言います。むしろ、民族誌には現地の人たちとずっと一緒にいることで身についた感覚を、できる限り言語化して書き込まなければならないというのです。

マリノフスキは以下のように述べています。


村に住んで人々の生活の観察に専念すれば、習慣、儀式、取引きにくりかえしふれ、信仰が生活のなかで現実にどのような役割を果たすかという実例に接して、抽象的な社会構造という骨格に、住民たちの生活の血肉を与えることができるようになる。（同書、56頁）

村に住み込んで日常的に現地の出来事に触れている調査者は、抽象的な「骨組み（骨格）」を取り出すことができるようになり、同時に、それらに対して「血肉」を与えることもできるのだというのです。

「血肉」とは何でしょうか？　マリノフスキはそれを、資料を調べたり算定したりするのでは記録できないものだとしています。彼は別の言い方で、「生のインポンデラビーリア(imponderabilia)」とも呼んでいます。

インポンデラビーリアという語の中の「ponder（ポンダー）」は「考える、熟考する」という意味です。それに否定辞がついて、インポンデラビーリアは「考えられないもの、思考できないもの」という意味になります。ポンダーは、重さを意味するポンドの類語でもあり、「重さを量る」という意味もあります。重さを量ることができないという意味を持つインポンデラビーリアという単語は、日本語で「不可量部分」あるいは「不可量部分」と訳されています。

データが収集され、練り上げられ、思考対象として抽象化されたものが、社会構造としての「骨組み」です。そして、その「骨組み」から漏れ落ちる泡沫《ほうまつ》のような微細な部分がインポンデラビーリアなのです。マリノフスキはこう言います。

平日のありふれた出来事、身じたく、料理や食事の方法、村の焚火の回りでの社交生活や会話の調子、人々のあいだの強い敵意や友情、共感や嫌悪、個人的な虚栄と野心とが個人の行動にどのように現われ、彼の周囲の人々にどのような気持の反応を与えるかという、微妙な、しかし、とりちがえようのない現象——などのこまごましたことが、これに属する。（同書、同頁）

マリノフスキは社会の「骨組み」を探ることを重要だとしながらも、インポンデラビーリアもまた、同様に大切なのだと説きます。調査者は誰でも、数値で計測できない部分や情緒や感情、言語化しにくい情報などを持っています。実はそれらこそが、現地の人たちを人間たらしめているのです。だからこそ、そうしたこぼれ落ちる部分にこそ注意を払わなければならないと言うのです。

数値化できない人間の割り切れない部分を重視し、それを自分の言葉で紡いでいくことが人類学の妙味だと言えるでしょう。フィールドに飛び込んで、現地で暮らす人々と向き合う。そこには驚きや喜び、絶望や怒りなど様々な感情が生まれます。そして自分というフィルターを通してそこにいる人々を理解し、人間の割り切れない部分を大事にしながら自分自身の言葉で民族誌として表現する。それが人類学の難しさであり、面白さでもあるのです。

マリノフスキはこのように、フィールドの現実に身を投じ、その経験から浮かび上がってくることの要素として、生の不可量部分であるインポンデラビーリアの重要性を説いたのです。彼はフィールドに潜入したからには、インポンデラビーリアを簡単に切り捨ててはならないと言いたかったのです。現地の人々のあるがままの姿を知りたくてフィールドに滞在しているわけですから、そこでなされる会話に現れる感情の起伏や襞《ひだ》など、細やかな質感を逃してはいけません。だからこそマリノフスキは、時には調査を離れて、人々が興じているゲームや散歩に加わることを勧めるのです。

この種の調査では、民族誌学者も、ときにはカメラ、ノート、鉛筆をおいて、目前に行なわれているものに加わるのがよい。人々のゲームに加わるのもよかろうし、彼らの散歩や訪問についていき、すわって彼らの会話を聞き、これに加わってもよかろう。(同

書、61頁）

はたしてそんなものが調査になるのかと読者は訝《いぶか》しがるかもしれませんが、時には目の前の調査そのものを放ったらかしにして、人々とゲームに興じたり、会話を聞いたり加わったりすることも、大事なのです。そのようなものとして、フィールドワークはなされるべきだと言うのです。

私たちの身近な人間関係においても同じようなことが言えるのかもしれません。四角四面の、型にはめられた物の見方を他者に無理やり当てはめても、その人を理解することはできません。むしろ、そのような定型からこぼれ落ちるような、ふとした瞬間の他者の振る舞いや一言こそが妙にリアルで心に残ることがあります。本当の意味で他者を知り、つながっているためには、私たちにとってもまた「生のインポンデラビーリア」を感じ取り、しっかりと受け止めることが大事なのです。

生きている人間を描く

「社会の骨組みを明確にするだけでは不十分だ。参与観察に基づき、現地の人たちのありふれたやり取りも引っぱりだせ！」という至言にたどり着いたマリノフスキは、それを自

ニューギニア諸島におけるクラ交易の全体図

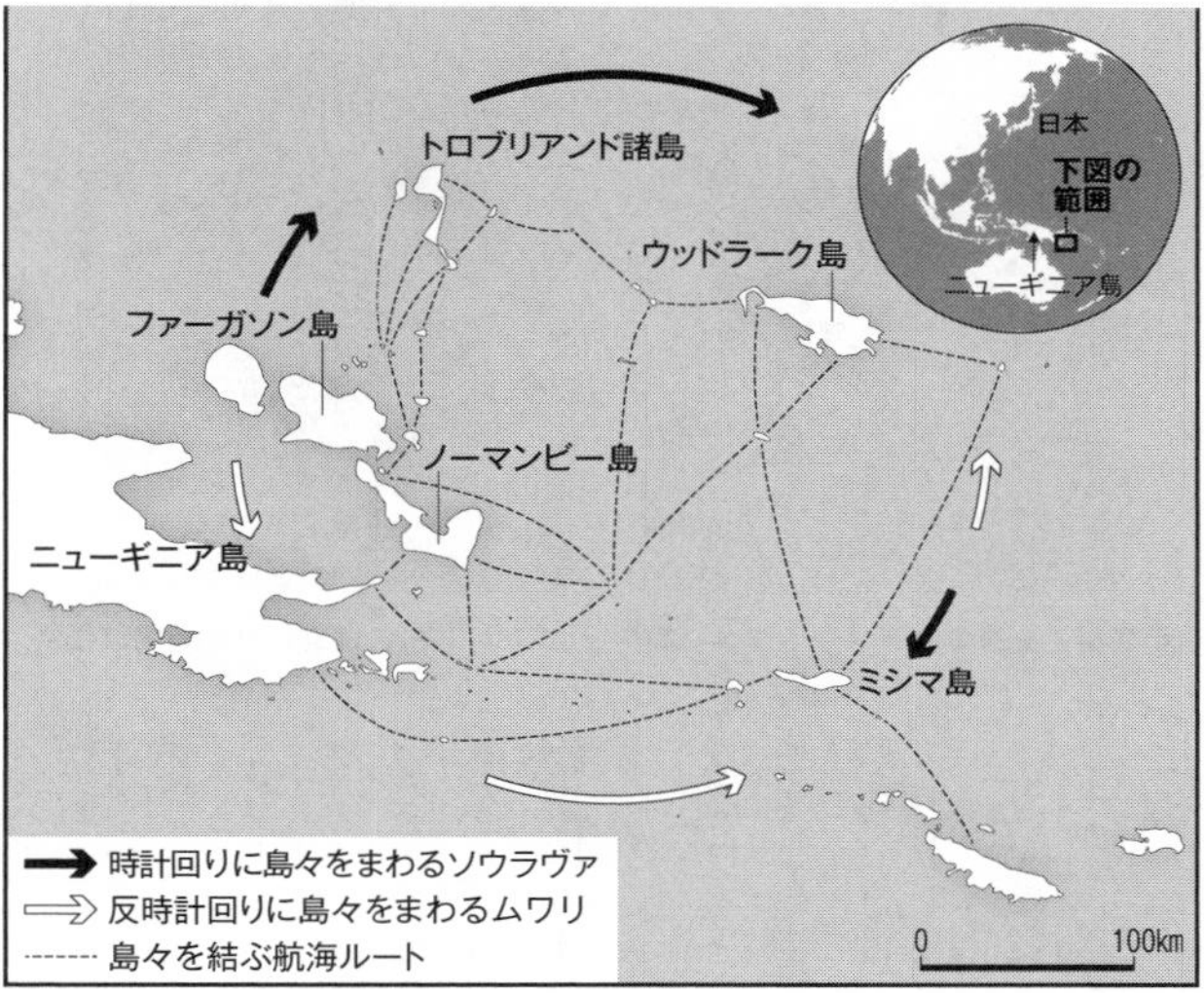

らのモットーとして民族誌を書き上げました。『西太平洋の遠洋航海者』は「骨組み」と「血肉」が織り交ぜられた、みごとな民族誌に仕上がっています。

そんな中でも白眉と言えるのが、トロブリアンド諸島における「クラ交易」の描写です。そもそもクラ交易とは、トロブリアンド諸島、ウッドラーク島、ミシマ島、ノーマンビー島、ニューギニア島、ファーガソン島などを舞台に、ニューギニア島の東に広がる海域の島々を結ぶ交換の制度を指します（上の地図参照）。

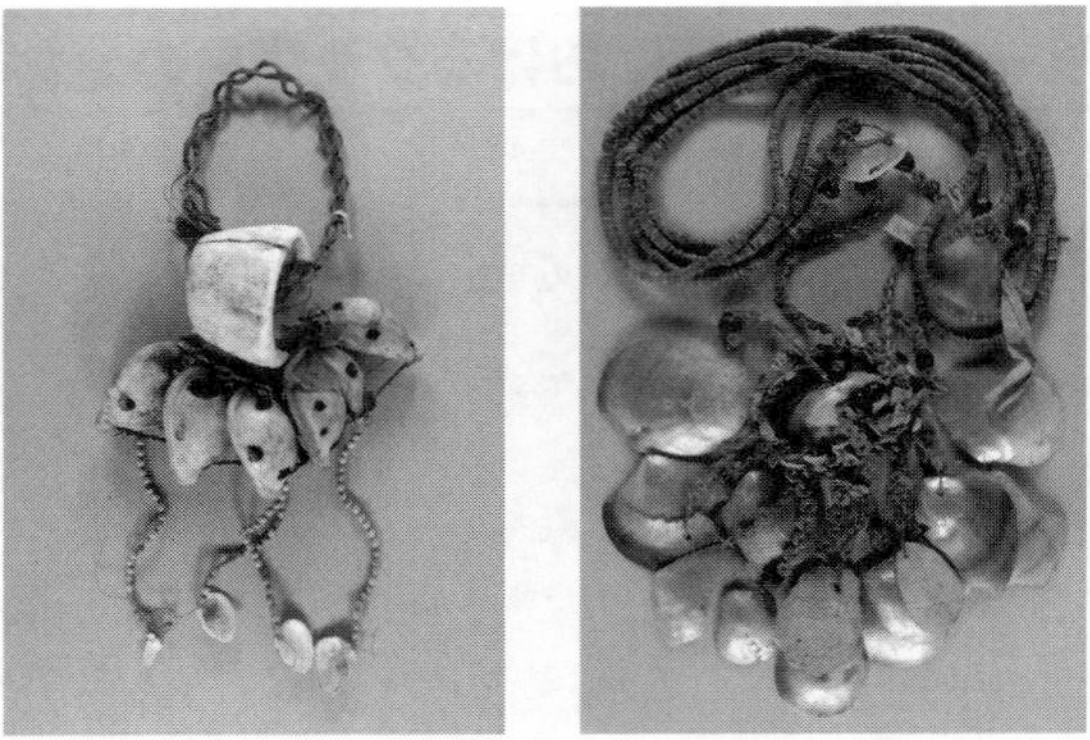

クラ交易で交換されるソウラヴァ（右）とムワリ（左）、国立民族学博物館提供

このクラ交易で交換されるのは、上から見て時計回りに島々をまわる「赤い貝の首飾り（ソウラヴァ）」と反時計回りに島々をまわる「白い貝の腕輪（ムワリ）」です（上写真）。この2つのモノは、現地の人々にとってかけがえのない価値を持つ財宝（ヴァイグア）なのです。クラ交易とはつまり、ヴァイグアが地図に示した島々を行き交う儀礼的な贈物交換の体系なのです。

クラ交易には、いくつかの特徴があります。例を挙げると、まず、それぞれの財宝の交換は同時ではなく時間をあけて行われること。財宝を受け取るときは、もらう側の人間が相手の住むところまで出向いていかなければならないこと。どんなに大変な思いをして財宝を手に入れても、それを「自分たちのもの」として所有してはいけないこと。ヴァイグアは2年から10年の時間をかけて島々をゆっくり一周させること、などです。

現代人である私たちの感覚に照らして考えてみましょう。

私たちにとって、「交換」とは相手に何か特定のモノを与えることで、見返りとして自分の欲しいモノを手に入れる手段のことです。その行動の動機は、交換によってお互いの利益を最大限に高めることです。ですが、クラ交易はこの目的に当てはまりません。せっかく手に入れた財をまた別の人に渡してしまうので、自分の経済的利益を得ることにはならないからです。また、あくまでもヴァイグアはヴァイグアとしか交換できないので、貨幣のように他の何かを手に入れる手段としては使えません。つまり、クラは、現代的な経済的価値という面から眺めるなら、「なんでそんな意味のないことをするの？」というふうにも思えます。

クラは、現代的な経済現象の「外部」の制度です。でもそれは、とても合理的な「仕組み」でできたものです。その島々に住む人々からすれば、クラ交易によってヴァイグアが行き交うことで財の交換相手とのコミュニケーションが生まれます。そして交換を数年かけてゆっくりと行うことで、互いの関係を長期間にわたって続けることができるのです。つまり、クラ交易は離れて暮らす複数の共同体を結びつけ、衝突を避けるための「仕組み」でもあるのです。その意味で、クラ交易は貨幣によって他者との関係を築こうとする資本主義社会にはない、非常に興味深い行動様式だと言えます。マリノフスキの描いたクラは、西洋近代の「外部」におけるひとつの贈与交換のモデルなのです。

また、トロブリアンド諸島やソロモン諸島などの島々で行われる交易ネットワークであるクラには厳しい戒律があり、誰もが参加できるわけではありません。

参加者たちはカヌーの船団を編成して、危険な航海を成功させて、隣の島に向かい、決められた相手と財の交換を行います。出発の際には安全祈願の呪文を唱え、乗組員は、航海の途中に祈りを捧げます。ヴァイグアには先述の通り、時計回りに循環するソウラヴァと、反時計回りのムワリがあります。これらのヴァイグアにはそれぞれ固有の名前が付いていて、有名な財を手に入れることは名誉なことであるとされます。

ヴァイグアは一ヵ所にとどまり続けることはありません。名のあるヴァイグアを手にするという名誉を手に入れた人たちには、それらを独り占めすることは許されないのです。一定期間、その財宝を所有した後、それは今度は隣の島の人々へと渡されるのです。

外海を行く危険な航海を伴うクラの交易には、しばしば呪文が唱えられ、多くの祈りが捧げられるなど、様々なドラマが横たわっています。クラとは、交易という財の交換ネットワークであると同時に、それだけに止まらない信仰や儀礼や神話、人々の信頼関係や名誉などが埋め込まれたひとつの文化的なシステムなのです。

マリノフスキはこのように、ニューギニア東部の島々で行われているクラ交易の「骨組み」を見事に記述分析しました。加えて、ムワ島というある島に集結した船団の首長たちの生のインポンデラビーリアを巧みに描き出しています。

まず首長たちが、浜からかなり高くなった場所の、大きな葉をつけ、ふしくれだった巨木の枝かげに腰をおろした姿を想像することができる。彼らは、たぶん、おのおのの従者をしたがえ、一団となって休んでいる。または、頭《かしら》とおもだった首長のおのおのが、自分のカヌーのそばにひかえ、トウダワダが、おもおもしい牛のような威厳を示しながら、ビンロウジをかみ、興奮性のコウタウヤが、かん高い声で、成人した彼の子の何人かとしゃべっている。その子どもたちのなかには、シナケタじゅうでいちばんりっぱな男が二、三人いるのだ。さらに、右の者たちより少ない数のお供を連れた不評判なシナカディが、これまた札つきの悪党で、彼の地位を継ぐ予定の、女きょうだいの息子《むすこ》ゴマヤとなにやら相談している。(同書、253―254頁)

ここでは、クラ交易にやって来た3人の首長の割り切れない人間性が微細に描かれています。

ビンロウジをクチャクチャと嚙んで、たぶん口の周りを真っ赤にさせたであろう、どっしりとして牛のような威厳のあるトウダワダ。自分の成人した子と何やらかん高い声でしゃべっている、些細なことで興奮するコウタウヤ。自らの地位を近い将来継ぐことになっている、姉妹の息子ゴマヤと相談事をしている、お供の者があまりいない、評判のよくないシナカディ。

この3人を描き出したすぐ後に、超然としているのが首長に相応しい態度だとマリノフスキは述べています。暗にトウダワダの大物ぶりを賛美するのです。

さらに、このシーンのすぐ後で、首長たちは「ほかのおもだった者たちとクラの申合せや見込みについて相談し、ときおり神話を引き合いにだしたり、天候の予想をしたり、カヌーのよしあしについて論じたり」（同書、254頁）しています。そしてこの3人のうち、トウダワダやコウタウヤが財力に応じて、クラ交易の財宝であるヴァイグアを受け取ることができるのだと続けるのです。最後に、「シナカディははるかに財力が劣るから、彼とか、その前任者、後継者などが役割を演ずるのは、例外的なばあいだろう」（同書、254頁）と述べて、シナカディには分が悪いとマリノフスキは述べるのです。

これらは、3人の首長たちの振る舞いから垣間見える気質を実にうまく捉えた情景描写だと言えるでしょう。この場面は調査者であるマリノフスキが、現実に起きていることをインポンデラビーリアとしてすくい上げて、民族誌の中に豊かに書き入れたものです。マリノフスキはここで、その場に長らく身を投じたからこそ理解できる、人々の所作の背景に見え隠れする性格や気質に焦点をあてて描き出すことによって、民族誌の「骨組み」であるクラ交易に、生のインポンデラビーリアとして、人々の生き生きとした姿を書き加えたのです。

華厳思想のようなクラ

『西太平洋の遠洋航海者』の中で、マリノフスキは現地の人々がカヌーを建造するために木を切り倒す儀礼を行う様子を描いています。彼はまた、カヌーで外海を航行してくるのを待ち受けている巨大なタコ、カヌーを粉々にしてしまう巨大な雨粒、海から躍り上がってカヌーを打ち砕く、悪意ある生きた石などを、人々の語りやらそれを聞いた人々の反応を含めて描写しています。

こうした細部を含めて豊かに書けば書くほど、クラ交易そのものの迫真性と意味が浮かび上がってくるのです。マリノフスキが述べるように、「クラは――読者にとって、だんだんはっきりしてきたと思うが――、その中核となるものは些細にみえようとも、複雑な大制度」（同書、152頁）なのです。

数々の儀礼に彩られ、呪術に囲まれたトロブリアンド諸島の人たちの日常の生を、微細な場面に至るまで観察し描写すること。それがそのまま、ニューギニア東部の島々を伝って行われるクラ交易という巨大なシステムを説明することになる。マリノフスキは、そのことが学問の目的だとさえ言っています。

学問は、事実を分析、分類するさいにも、それを有機的な全体のなかに位置づけ、現実の多様な諸面をいくつかの体系に類別しようと努力したうえで、その体系のどれかに事実を組みこむことを目標としているのである。(同書、403―404頁)

マリノフスキによれば、学問が目指すべきは事実を分析、分類し、それを全体の中に位置づけることです。逆に、「クラの慣行制度のもっとも全体的な姿に省察を加え、そのさまざまな慣習の底にひそむ人間の心のあり方をどう解釈するか」(同書、404頁)が大事だとも言います。全体としてのクラを維持するために様々な慣習が行われており、その慣習の底に潜んでいる、生きている人間の日常にも注意を注がねばならないのだと言うのです。

このようにクラを捉えることで、マリノフスキは世の事象に対して「部分は全体であり、全体は部分である」という本質を示したのでしょう。

このマリノフスキのクラへの眼差しは、仏教の「華厳《けごん》思想」の根本原理に似ています。大乗仏教の経典である華厳経は、4世紀頃に中央アジアでまとめられた仏典です。その「菩薩十住品《ぼさつじゅうじゅうぼん》」の中に、「一即多、多即一」が説かれています。それは、一粒の砂の中に無限大の宇宙が含まれており、無限大の宇宙がまた一微塵《みじん》と同じだというものです。華厳経では「インドラ網」という比喩で、そのことが語られます。インドラとは「帝釈天」のことです。

インドラの宮殿には網があり、その網のひとつひとつの結び目に宝珠（龍王の脳の中からとれるとされる、炎が燃え上がっている形をした珠。仏教ではこの珠を得ることでどんな願い事も叶うと言われる）が縫いつけられています。ひとつの宝珠が別の宝珠に映り、別の宝珠はそれとは別の宝珠に映り、宝珠がそれぞれを映し出すことが続いていきます。そのことに極まりはなく、無限大の宇宙が、ひとつの宝珠の中に映し出されるのです。宝珠は重重無尽にひとつの無限大の宇宙そのものでもあり、無限大の宇宙とは無限の宝珠のひとつひとつのことでもあるのです。

別の比喩を使ってみましょう。心臓や肺臓や膵臓や腎臓などの臓器は、それぞれ、ひとつの生命体のうちにあってこそ機能することができます。各臓器はそれだけでは自らを維持しえません。逆に生命体は心臓や肺臓などなしには存続できません。部分が部分でしっかりと働くからこそ、生命体という全体が成立するのです。

マリノフスキとともにクラを機能主義的に眺めるとは、「一即多、多即一」のようなものとして、クラを理解することに他なりません。そこでは呪術や経済現象が、それぞれ個別的な現象として扱われているわけではありません。それらは、クラ交易というひとつの全体をつくり上げています。それと同時に、クラがあるために呪術が仕掛けられたり、経済活動が行われたりするのです。

クラというフロー

クラという「全体」があるために経済現象や呪術という「部分」があるというのは、クラがあるからこそ、経済活動や呪術が行われることを意味します。ヴァイグアというクラの財宝が島伝いに一定方向にまわる活動が、クラの遠洋航海とともに行われる「ギムワリ」と呼ばれる市場交換による経済現象を生み出します。荒れた海に乗り出してクラ交易を成功させなければならないからこそ、カヌーが飛ぶように進むことを祈念して唱えられる呪文や、身の安全性を確保するために唱えられる呪文などの呪術行為が執り行われるのです。

そう考えれば、クラの見方は逆転します。「フロー(流れ)」としてのクラがまずあって、そのフローが島と島を結ぶネットワークを形成する。その中で、新たな経済現象や呪術が生み出されるのです。そして時には、クラに関係する共同体のネットワークそのものがつくり替えられる場合があるのです。

トロブリアンド諸島の人たちは、クラで交換したヴァイグアをこの上なく「よいもの」だと考えています。それは、換金できるような財宝ではありません。権力の道具でさえないと言います。ヴァイグアを所有することは、それ自体がうれしいこと、心が休まること、ほっとすることなのです。それは、心楽しい作用を持つものとして、また安らぎと力を同時に与えるものとして、死に瀕している者の身体の上に置かれたりします。ヴァイグアは最高の安息をもたらすものであり、人間が最も忌むべき死の瞬間においてさえ、ヴァイグアに触れると、苦しみが薄まるとされます。

マリノフスキが目の当たりにした興味深い事例では、ヴァイグアの所有者が死んだ男の兄弟たちにヴァイグアを一時的に貸与するのですが、それは、その日のうちに返却されなければならないというものでした。近親者の死によって打撃を受けた兄弟たちにとっては、たとえ短時間であっても、貴重なヴァイグアを自らに引き寄せるだけで、それは心の大きな慰めになるのです。

マリノフスキは、「クラはいくつかの側面において、われわれに新しい型の現象をさしだしてくれる」（同書、412頁）と述べています。心楽しい作用を持ち、安らぎと力を与えるヴァイグアの存在が、日常の中に次々に新たな使用法を生み出すのです。ヴァイグアは、たんにクラ交易の中で交換される財というだけではありません。価値が与えられたヴァイグアは、人々の心を慰める道具にさえなっているのです。

マリノフスキの立てた前代未聞の問い

現地に実際に出かけ、ほんとうのところを探ろうとするマリノフスキの人類学は、フィールドにおける参与観察に強いドライブをかけました。マリノフスキは長期にわたって定点的な調査を続けた結果として、観察された諸要素が相互に連関しながら、より大きな全体に結びついているという閃きを得たのです。その点にこそ、外側から現地の社会を眺めるのではなく、内側から探っていくことの重要性があると言えるでしょう。

マリノフスキは参与観察という手法によって新たな視点を発見しました。フィールドで目撃した断片的な情報が、その社会を形づくる「全体」の中でどのような役割を果たしているのか。人類学は、それを明らかにしなければならないと提唱したのです。そうした視点は20世紀以降の人類学者たちにも受け継がれ、次章の主人公であるクロード・レヴィ＝ストロースにも影響を与えます。

尊敬と真の理解により視野を広げる

この章の最後に、マリノフスキの言葉から、20世紀の初頭に彼の構想した人類学がどのようなものであったかを再確認しておきましょう。マリノフスキは自分自身の関心を、以下のように述べています。

現地住民に関する研究で、ほんとうに私の関心をひくものは、彼らの事物にたいする見方、世界観、住民たちが呼吸してそれによって生きていく生活と現実の息吹《いぶ》きである。

（同書、417頁）

文献や資料に飽き足らず、現地で暮らしてみることを望んだマリノフスキは、現地の人々の見方、世界観、人々が呼吸して生きていく生活と現実の息吹に関心を引かれたのだと言います。続けて、マリノフスキは以下のように述べています。

他人の根本的なものの見方を、尊敬と真の理解を示しながらわれわれのものとし、未開人にたいしてもそのような態度を失わなければ、きっとわれわれ自身のものの見方は広くなる。（同書、419頁）

マリノフスキは、何よりも大事なのは他者（他人、「未開人」）のものの見方を尊敬し、真の理解を示すことだと言います。その言葉は、どんなに『マリノフスキ日記』の中で他者に対する嫌悪や憎悪が綴られていようとも色褪せることはありません。いや、むしろ誰にでも他者に対しての嫌悪や憎悪のような感情はあるでしょう。それでもなお、清と濁を併せ飲みながら他者を理解しようとする。そんなマリノフスキの姿勢は、私たちに大事な示唆を与えてくれます。

ヨーロッパから遠く離れた地で参与観察を続けたマリノフスキ。彼は人生を通して、人間の「生の全体」の豊かな視点を提示してくれました。それはフィールドワークをつうじて、20世紀の人類学を切り拓いた彼が残したメッセージなのです。

3章　レヴィ＝ストロース――「生の構造」

「未開人」は理性的な誇り高き人々である

私たちは遠く離れた辺境の地に住む人たちを、長い間「文明から取り残されている人」として「野蛮人」や「未開人」呼ばわりしてきました。こちらから一方的に偏見を持って見下して語ったり、劣等者扱いをしてきたのです。

フランスの人類学者であるクロード・レヴィ＝ストロースは、そういう考え方こそが非科学的だと言い放ちました。それは、耳ざわりのいいヒューマニズムではありません。彼は自身の研究を通して、「未開人」の洗練された思考を人類学的に明らかにしたのです。

たしかに「未開人」と呼ばれてきた人たちの考え方には、私たちのものとは違うところがたくさんあります。でもそれらは、私たちが気づいていないだけで非常に研ぎ澄まされた、豊かなものです。レヴィ＝ストロースはブラジル奥地の先住民社会の親族体系や神話を調べ上げる過程で、それらの中に私たちがぱっと見では気が付かない、繊細な秩序が隠れていることを発見しました。

日本人である私たちは、父と母と子による関係性を家族の基本単位とみなし、家族形態を理解しようとします。しかし「未開」社会には、それにはあてはまらない家族形態があります。たとえば前章で触れた、父母のそれぞれの兄弟姉妹がすべてチチやハハと呼ばれるような社会です。チチ・ハハがたくさんいる家族形態は、父母の同世代の男女が乱婚する、私たちのものよりも劣る原始的な習慣の残存であると考えられたのです。

レヴィ＝ストロースは、そのような親族呼称の体系は、それぞれの社会や共同体が持つ規則の違いにすぎないと断じます。そして、その体系の中に普段は意識されていない「構造」が隠されていると捉えました。

レヴィ＝ストロースは、「構造」こそが人類に備わった普遍的なものであると主張した人類学者です。彼は言語分析の方法論を用いて親族体系や神話を研究し、人々が日々生きていく中で意識されていない「生の構造」が、そこに潜んでいるという結論に辿り着きました。

クロード・レヴィ＝ストロース（提供：Heritage Image/PPS通信社）

彼が編み出した理論は人類学の理論だけにとどまらず、その後「構造主義」と呼ばれる思想にまで発展しました。構造主義とは、私たちが生活している社会や文化の背後には目に見えない構造があり、人間の活動はその構造によって支えられているとする考え方です。構造主義が20世紀半ばの欧米の思想界に及ぼした影響は絶大なものでした。この意味で、レヴィ＝ストロースは人類学において最大級の功績を残した学者のひとりだと言うことができるでしょう。

20世紀になると、人間や社会は進歩していくのだという歴史の発展法則に基づいて、マルクス主義が進展を遂げました。それとは逆に、構造主義は人間の精神は進歩するのではなく、最初から完成してしまっていると説いたのです。その点で、構造主義はまったく新しい人間観でした。構造主義では、西洋近代社会も「未開」社会も、同じ人間の精神の所産なのです。彼の提起した構造主義により、西洋近代が「未開」社会を、遅れたもの、劣ったものとみなすことには何の根拠もなくなってしまいました。

レヴィ＝ストロースは西洋近代の知を理性的だと思い込み、「未開人」を主観的で劣った世界に住む人たちだとみなす見方を傲慢だと批判します。人間を「構造」が生み出す要素にすぎないと語る構造主義によって、人間の主体中心の思想として広まっていた実存主義は解体されてしまいました。

このように構造主義を軸に20世紀後半の西洋思想は展開したのです。構造主義はその後、現代社会の変化を説明しきれないという面から批判に晒《さら》されます。ですが、レヴィ＝ストロースによって提起されるようになった構造主義は、現代を生きる私たちにとってもいまだに大きな知恵を与え続けてくれているのです。

レヴィ=ストロースの生い立ち

構造主義の出発点は、彼が1955年に出版した『悲しき熱帯』という著作です。これはレヴィ=ストロースが1930年代末にブラジルの奥地を旅してから20年近く経って世に出した本です。『悲しき熱帯』は、風変わりな人類学者が20年も前の体験を綴った、不思議な旅行記だったのです。その年には、彼はもう40代後半になっていました。レヴィ=ストロースは決して若くして名声を得たわけではありませんでした。

その本については次節で詳しく見るとして、まずはレヴィ=ストロースの生い立ちから紹介しましょう。

レヴィ=ストロースは1908年、画家だった父の仕事の関係で、両親が滞在していたベルギーのブリュッセルで生まれました。そして彼の一家は翌1909年にフランスのパリに戻ります。

レヴィ=ストロースの幼い頃の話に、こんなエピソードがあります。彼は3歳の時、ベビーカーの中から「パン屋(boulanger)」と「肉屋(boucher)」の看板を見て、両方に「bou」という文字が隠されているのを発見します。そして「この2つは同じことを意味しているんだ!」と大きな声で叫んだというのです。自分は生まれながらにして、普遍的な要素を見つけ出す「構造主義者」だったのかもしれないと、後に回想しています。

レヴィ＝ストロースはユダヤ教徒の家に生まれ、母方の祖父はユダヤ教の宗教的指導者（ラビ）でした。そんなレヴィ＝ストロースにとって、最初の受難は公立小中学校に通った時のことでした。ユダヤ人であるという理由だけで不当な扱いを受け、ことあるごとに拳骨が飛んできたといいます。レヴィ＝ストロースはこうした苦い経験から、あらゆる信仰から距離を置くようになったといいます。

学生時代、レヴィ＝ストロースは試験の時にカンニングをしてつかまり、2日間の停学をくらいました。その際、父からもこっぴどく怒られたといいます。どうやら当時は勉強が飛びぬけてよくできる優等生でもなかったようです。

彼は画家であった父の影響で、ワグナーをはじめドビュッシー、ストラヴィンスキーなどの音楽を愛するようになります。さらにはピカソに感動し、画家や音楽家になりたいとも思っていました。父方の曽祖父はナポレオン3世の時代、楽団を率いてオペラ座の指揮者を務めた音楽家でした。芸術家肌の一面も持っていたのです。

レヴィ＝ストロース自身も小説や劇作、映画のシナリオを書いていました。18歳の時には、社会主義思想を実践に結びつけたフランス国民の英雄バブーフを取り上げて、彼の革命的蜂起までを描いた『グラックス・バブーフと共産主義』という冊子を出版しています。

レヴィ＝ストロースは音楽や芸術に惹かれながら社会の出来事にも興味を抱き、多岐にわたって関心を持つ少年時代を過ごしたようです。後に書かれる『神話論理』4巻を、「序曲」から始めて「終曲」に終わるひとつの音楽作品に見立てていることの根底には、レヴィ＝ストロースの音楽への並々ならぬ関心と、神話と音楽が似たものであるという直観が横たわっているのです。

戦間期の葛藤

レヴィ＝ストロースは、戦間期に青年時代を過ごしました。第一次世界大戦後にはナチスとファシズムの台頭、カトリックの左派党派の分裂、ヨーロッパ諸国の共産主義の社会主義陣営からの分裂によって、ヨーロッパは混乱し錯綜しました。そんな中、創設されたばかりの社会主義学生全国連盟の事務局長に就任し、連盟の機関誌に寄稿して『社会主義学生』誌の編集に携わっています。青年期には、政治に熱中していたのです。

この頃、彼は戦争や植民地主義、資本主義、ブルジョワジーに堕落したヨーロッパを捨ててアラビアのアデンへ旅立った若者を描いた、ポール・ニザンの『アデン・アラビア』の書評を書いています。レヴィ＝ストロースは「自然」に対する考察を欠いたニザンの態度に批判的だったのですが、ニザンの冒険精神は称賛しています。いとこの夫でもあったニザンのアラビア滞在経験は、レヴィ＝ストロースの海外に出かけることへの願望を刺激したのでしょう。

この間、彼はパリ大学法学部に入学しソルボンヌで哲学を学びました。その後、アグレガシオン（中高等教育の教授資格試験）の研修ではモーリス・メルロ＝ポンティとシモーヌ・ド・ボーヴォワールと一緒でした。この時代のフランス思想を代表する錚々《そうそう》たる面々です。

その後、レヴィ＝ストロースは24歳で高校の哲学教師となります。ちょうどその頃、県議会議員選挙に立候補し、選挙活動のためにシトロエンの中古車を手に入れました。しかし、選挙運動初日に事故を起こして、なんと車を溝に落としてしまいます。結局、選挙運動は満足にできず、政治家を目指す気は萎えていきました。

アグレガシオンに合格していたので、彼には大学教員になる道が残されていました。ですが、大学という職場で働くことに不安を抱いていたようです。『悲しき熱帯』の中で、「自分の残りの人生のすべてが、同じ授業の繰り返しのうちに終わるかもしれない、ということを感じて慄然とした」と述べています。

そんな時に彼が手にした本が、アメリカの人類学者ロバート・ローウィーの『原始社会』でした。ローウィーはネイティブ・アメリカンの住む場所でフィールドワークを行い、その経験から、文化は完成された固定的なものではなくて、他の文化との相互作用や変化によって偶然つくられた産物であると論じたのです。

レヴィ＝ストロースはローウィーの人類学に触れ、理論とフィールドワークが渾然一体となったその学問に圧倒されたようです。そして次第に人類学（1章で触れたように、フランスでは「民族学」と呼ばれます）に惹かれていきました。

そんなある時、レヴィ＝ストロースは社会学者セレスタン・ブーグレからの電話を受けます。ブーグレは彼にブラジルのサンパウロ大学で社会学講座の教授を探していると持ちかけました。その話を聞いて、レヴィ＝ストロースはすぐにブラジル行きを決めたのです。

ブラジルの奥地へ

1935年に船でブラジルに向かったレヴィ＝ストロースはサンパウロ大学で講義を担当する傍ら、カイガングの人々を訪ねました。その年末からの冬休みにはブラジル内陸に数ヵ月にわたる調査旅行に出かけ、マト・グロッソ地方で、精緻な身体装飾を行うカデュヴェオやボロロの人たちと出合います。そして翌年の冬休みにはパリに戻って、調査旅行の展示会を開きました。

1938年にはサンパウロ大学を辞職し、クイアバからマデイラ川までの高地の西部を横切って、横断的な地図をつくる調査準備に取りかかっています。その調査は30頭の牛、それぞれにラバ1頭とライフル銃1丁を持たせた15人の牧童、収集品の運搬用のトラックから成る大規模なものでした。

自然の真っただ中に暮らす人間との出合いを含め、1930年代後半におけるブラジル滞在の経験を綴った著作が1955年刊行の『悲しき熱帯』でした。第二次世界大戦前に「未開」の地を訪ね歩いた人類学者が書き上げた旅行記は、帝国主義やマルクス主義、実存主義といった西洋の政治や思想が行き詰まりを見せつつあった第二次世界大戦後に、新しい時代の始まりを予感させるものであったのです。

この『悲しき熱帯』は、現在でも人類学の必読書として、多くの人々に読み継がれています。ここからは『悲しき熱帯』の世界に入っていきましょう。

レヴィ＝ストロースは『悲しき熱帯』で、カデュヴェオ、ボロロ、ナンビクワラ、トゥピ＝カワイブという4つの集団を取り上げています。その中でもボロロは高度に精緻な社会構造と形象表現の体系を生み出していて、他の集団と比べて群を抜いていると指摘します。ヴェルメーリョ河畔の林間地のケジャラ村では、10のクラン（氏族）からなる150人のボロロが26の家屋に分かれ、中央に置かれた「男の家」を中心に環状集落状に暮らしていました。

レヴィ＝ストロースは、祭礼の日に男たちの陰茎に取り付けられる「陰茎鞘（ペニス・ケース)」に興味を持ちました。それらはクランごとに色と形が決まっており、それぞれが堅い藁《わら》のリボンで飾られて、珍妙に掲げられた旗のように見えたといいます。

レヴィ=ストロースはそれから約40年後の1980年、ボロロの陰茎鞘を装着する儀礼を振り返り、「出エジプト記」における割礼の起源と比較する論考を書いています。そこから1930年代当時、彼がフィールドワークで考えていたことを読み取ることができます。

人間は特定のモノや現象を目の前にすると、そこから何らかの意味を見いだそうとします。そして、それらを「記号」として読み取るのです。そのメカニズムを探ることが、構造主義の手法とも言えます。

このケースで言えば、ペニスの包皮とは「自然」の記号です。そのような「自然」に対して、人間は「文化」的な行為を行うわけです。ボロロでは、包皮という「自然」に「鞘」という「文化」を被せました。それに対して、『旧約聖書』の民は包皮という「自然」を切除します。包皮の切除が、人間にとっての「文化」的な行動だったのです。

陰茎鞘を被せるボロロの儀礼と包皮を切除する『旧約聖書』の民の儀礼のどちらにも、名付け親ないしは義理の親が関わります。また、ペニスの包皮自体が「嫁」の比喩として語られます。

ボロロ社会の人々は亀頭を「鞘」で覆い、一方の『旧約聖書』の民は、亀頭を隠したまま包皮だけを取り除きます。両者には具体的な行動に差はありますが、根底には「文化」が「自然」に作用するという、隠された「構造」を同じように持っているのです。この論文から振り返ると、レヴィ＝ストロースは、ボロロのフィールドで実際に見聞きしたことを俎上に載せながら、後に構造主義につながる思索を始めたのです。

交叉いとこ婚とは何か

レヴィ＝ストロースは『悲しき熱帯』の中で、ナンビクワラの印象を以下のように述べています。

ボロロ族の宮殿の豪華さを見た後では、ナンビクワラ族の物質生活の貧しさは、ほとんど信じられないほどだ。男も女も衣服は何一つ身に着けていず、彼らの身体形質も、文化の貧弱さと同じくらい、近隣の種族から彼らを隔てている。（レヴィ＝ストロース『悲しき熱帯Ⅱ』川田順造訳、中公クラシックス、２００１年、１５８頁）

高度な文化を持つボロロに対比されるナンビクワラの人たちは、熱帯アメリカの先住民が発明した「ハンモックも、それ以外の休憩や睡眠に使う道具も、一切持っていなかった」のです。「彼らは地面に裸で眠る」民でした。

乾季の夜は寒く、彼らは互いに体を寄せ合ったり、焚火に近寄ったりして暖をとる。火はやがて消えてしまうので、明け方には先住民たちは、焚火のまだ生暖かい灰の中に寝転がった姿で目を覚ます。このために、パレッシ族は、ナンビクワラ族のことを「ウアイコアコレ」（地べたに眠る連中）と綽名《あだな》している。（同書、161─162頁）

地べたに眠る連中とともにいることで、レヴィ＝ストロースは後の「構造」概念の手がかりを得ています。

記録された幾つかのエピソードの中から、ここでは「交叉いとこ」婚を取り上げます。まずは交叉いとこについて説明しておきましょう。交叉いとこもまた、レヴィ＝ストロースの研究を知る上で重要な用語です。

ひとりの男性を例に挙げます。人類学では、自分の親にとって反対の性のことを、性が「交叉している（cross）」とみなします。父親にとってオバたちは、性が交叉していることになります。反対に、自分の親と同じ性のことを、性が「平行している（parallel）」とみなします。父親にとってオジたちは、平行していることになります。

交叉いとこ婚（ナンビクワラ社会）

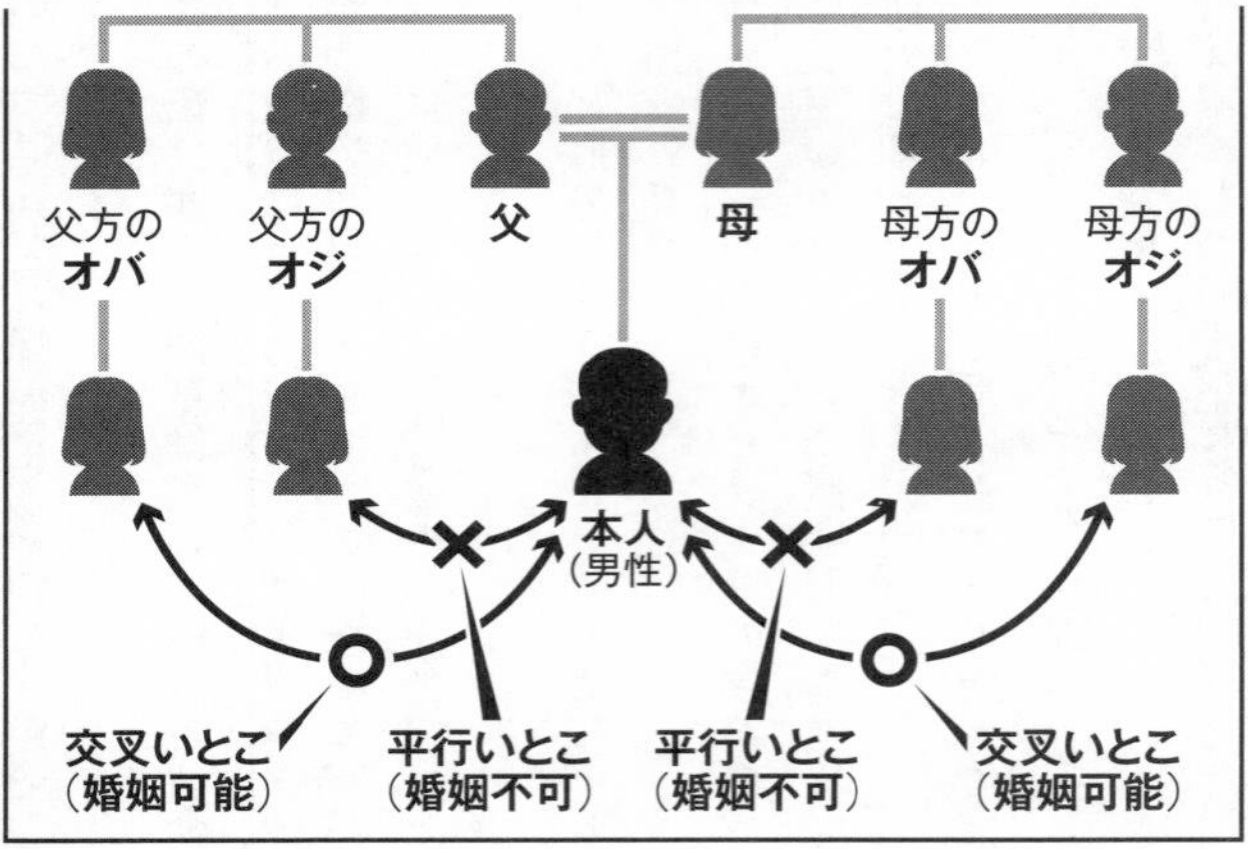

そのことから、ある男性にとって、父親と性が交叉しているキョウダイ、すなわち父親の姉妹であるオバの子どもたちが交叉いとこになります（上の図参照）。また、母親と性が交叉しているキョウダイ、すなわち母親の兄弟であるオジの子どもたちもまた、交叉いとこになります。ちなみに、前者を「父方交叉いとこ」、後者を「母方交叉いとこ」と呼ぶことも、人類学の基礎知識としてお伝えしておきます。

さて、レヴィ＝ストロースたちに隣り合って暮らしていたナンビクワラの群れは6つの家族から構成されていて、首長の家族には妻と思春期の娘がいました。他の5つの家族は、1組の夫婦と1人または2人の子がいたと言います。

ナンビクワラ社会では、交叉いとこである男女は、生まれた時から互いを「夫」や「妻」を意味する言葉で呼び合っていたと言います。そうすることによって、生まれると同時に結婚相手の異性がある程度、特定されるのです。つまり、将来的に自分の夫や妻となり得る候補者たちのことを、彼らは夫や妻と呼んでいたわけです。逆に言えば、交叉いとこ同士以外は、互いを夫や妻と呼ばない、つまり結婚相手にはなれないということです。

レヴィ＝ストロースたちの近くにいたナンビクワラの人々の群れは、6組の交叉いとこからなる6つの家族が集まってできた群れだったことになります。

なぜそうした呼び合い方が日常的になされていて、結婚相手をあらかじめ決めることになっているのかに関してはナンビクワラの人たち自身にも分からなかったでしょう。それは、彼らが意識しないでいつの間にか行うようになった「差異」の体系のようなものです。しかし、それがナンビクワラの家族集団を生み出す源になっているのです。

交叉いとこを結婚相手として選ぶ規則こそが「家族」を生み出す仕掛けになっている。そうしたレヴィ＝ストロースの閃きは、後に交叉いとこ婚の制度分析を含めた考察に基づく名著『親族の基本構造』につながっていきました。そして人々の暮らしの中に意識されないものとして隠されている秩序のことを、レヴィ＝ストロースは「構造」と呼ぶようになります。

ブラジルからフランスへ戻り、そしてアメリカへ

「私は旅や探検家が嫌いだ。それなのに、いま私はこうして自分の探検旅行のことを語ろうとしている」という有名な書き出しで始まる『悲しき熱帯』の最後に、レヴィ＝ストロースは謎めいた文章をしたためて、擱筆《かくひつ》しています。

もはや野生人にも別れを告げ、旅も終わりにしよう！　そして、人類が蜜蜂の巣箱のようなこの社会での整然とした労働を中断することに耐えるわずかな機会をとらえて、われわれの種がかつてどのようなものとしてあり、いまもあるかを感じとってみよう。思考の手前で、そして社会の彼方で、その本質を直観してみるのだ。われわれ人間が創造したいかなる作品よりも美しい、鉱物の一片をじっと見つめながら。百合の花芯から匂い立つ、われわれの書物よりもはるかに精巧な香りのなかに。あるいは、ときどき不意に心が通い合ったように一匹の猫とのあいだに交わす、忍耐と静寂と互いの赦しを負ったあの意味深い瞬きのうちに。（今福龍太氏の私訳　今福龍太『レヴィ＝ストロース　夜と音楽』みすず書房、２０１１年、１５０頁）

これは、情景に思いを巡らせて、五感を働かせながら味読《みどく》しなければ理解できない、奥深い文章です。短絡化を承知の上で、あえて要約してみましょう。

レヴィ＝ストロースは巣箱の蜜蜂が強いられているような労働を中断して、熱帯の旅に出ました。その旅の途中で、人間が創り出したものよりもはるかに美しい鉱物を眺め、花芯から匂い立つ香りを嗅ぎます。さらには不意に出合った猫との無言のコミュニケーションを通して、人間がかつてどのようなものであったのか、今どのようであるのかを理解します。そして、旅で出合った野生人や種や事物たちと惜別の情とともに別れ、旅を終えるのだと宣言しているのです。抽象的ではありますが、芸術に夢中になった若き日のレヴィ＝ストロースの姿が重なるような詩的な表現です。

1939年3月にパリに戻ったレヴィ＝ストロースは教師の職に就きますが、9月には第二次世界大戦が勃発します。彼はフランス軍に召集されて、独仏間の国境に築かれた300㎞を超える要塞であるマジノ線へと送られます。

ある時マジノ線に沿って散歩をしていたレヴィ＝ストロースは、タンポポの綿毛をぼんやり眺めていました。そしてふとした瞬間、タンポポの存在を理解するということは、他の植物とタンポポを比較し、対比することによってはじめて可能になるのだと閃いたのです。つまり、形や色、植生など、タンポポと他の植物のどこが違うのか、その「差異」を知ることでしかタンポポの独自性を浮かび上がらせることはできないと言うのです。その時レヴィ＝ストロースは、私たちは世界中のそこかしこにある「差異」を通して、この世界を理解しているのだということに思い至りました。こうした思考法が、まさに構造主義の原点なのです。

翌1940年にはユダヤ人の法的資格に関する法律が発効し、教員資格を打ち切られます。そして紆余曲折を経て、1941年に彼はニューヨークへと亡命します。

ヤコブソンとの出合い

当時のニューヨークには、戦争を避けて多くの学者や知識人が集まっていました。レヴィ＝ストロースもそこで、多くの碩学との知遇を得ました。

レヴィ＝ストロースにとって決定的だったのは、構造言語学者ローマン・ヤコブソンとの出合いです。ヤコブソンはレヴィ＝ストロースと会話を交わし、やっと一晩中飲み明かせる人物に出合えたと思ったと言います。レヴィ＝ストロースは酒はあまり飲めず、夜更かしが苦手だったのですが……いずれにせよ、ニューヨークでのこの2人の出合いは、ヤコブソンの死に至るまで続く良好な関係の始まりでした。

ヤコブソンはその頃、ソシュールが切り拓いた言語学を継承しながら、構造言語学を進展させているところでした。構造言語学は難解な学問ですが、レヴィ＝ストロースの構造主義を理解するためには欠かせないものです。ここではヤコブソンの構造言語学について説明しておきましょう。

まず、ヤコブソンを含む「プラーグ学派言語学」の重要な業績は、単語を成り立たせる、音の最小単位である「音素」を発見したことでした。音素とは、それ以上小さな音韻的単位に分解することのできない音韻的単位のことです。

何を音素とみなすかは、言語によって異なります。日本語では /n/ と /ng/ は区別しませんが、マレーシア語やインドネシア語ではそれらを区別します。マレーシア語やインドネシア語では、その2つはそれぞれ別の音素になります。

例えば、日本語の「足す（tasu）」と「出す（dasu）」には、/t/ と /d/ という音素があります。音素が、それぞれを異なる単語にするのです。

人間の喋る言葉は、単語のような意味のまとまりに分かれます。単語は、また音素という音の単位にも分かれます。言葉は単語からなり、単語は音素からなることを「二重分節」と言います。人間の喋る言葉には、この「二重分節」が含まれます。

単語と音節の「二重分節」を説明したプラーグ学派言語学に対して、ヤコブソンは、音素の成り立ちに踏み込みました。ヤコブソンは、音素は二項対立によって構成されていると言います。

ここは大事なポイントなので、丁寧に説明しましょう。

たとえば、「/t/と/d/」のような対立があるとします。/t/は「無声」（声に出したとき、声帯の振動を伴わない音）で、/d/は「有声」（声に出したとき声帯が振動する音）という「弁別特性」があります。「足す」では無声（/t/）を、「出す」では有声（/d/）を最初の音素として用いて、「足す」、「出す」という別の単語が生み出されます。

他に「母音的／非母音的」という弁別特性の例として、「赤い（akai）」、「高い（takai）」などが挙げられます。ここでは母音（/a/）と非母音（/ta/）を最初の音素として用いて、「赤い」、「高い」という別の単語がつくられています。こうした弁別特性の束こそが、音素に他ならないのだとヤコブソンは考えました。ヤコブソンは、ここで見た2つの弁別特性の他に、弁別特性には12の基本的な二項対立があることを指摘しています。

日本語やルーマニア語、タイ語など世界中には様々な言語があります。そのあらゆる言語は、音素のそれぞれに内在的な意味を持っているわけではありません。弁別特性の持つ音素相互の対立こそが意味を生み出すのです。しかし、私たちの生活を振り返れば実感できるように、それぞれの言語を日常的に使っている人たちは、そうした音素の対立を理解していないし意識さえしていません。

ヤコブソンはこのように単語を音素に分解した上で、弁別特性の「差異」に基づいて単語の意味が決められていく言葉の成り立ちを解明したのです。そのことは、ふだん私たちが喋っている言葉には（当の本人は意識していないのですが）、厳密なルールが隠れていることを示しています。そこにこそ構造主義の重大なヒントがあるのです。

レヴィ＝ストロースはヤコブソンから、言葉は、それを使う人たちが意識しないレベルに存在する「構造」によって成り立っていることを学びました。人間の言語には無数の種類があるのですが、どれも共通の言語構造を有しているのです。

これらを踏まえてレヴィ＝ストロースは、無意識のレベルに潜む「構造」を解明する構造言語学の手法は、言語以外の領域にも応用できると考えたのです。そして彼はその着想を、「親族」という人類学のテーマを考えてみる際に用いました。

１９４２年から１９４３年にかけてヤコブソンは、親族というテーマに基づくレヴィ＝ストロースの講義を聴講しました。彼はある日レヴィ＝ストロースに、それを本にまとめるべきだと助言したといいます。「獲得した構造言語学の制御能力とヤコブソンの友情を結び付けた活動のおかげで、そのときからついにのるかそるかの決断をしたのだった」と、レヴィ＝ストロースは当時のことを振り返っています。

『親族の基本構造』

1948年に博士学位論文として提出され、その翌年に出版されたのが『親族の基本構造』です。その著作の中でレヴィ＝ストロースは、親族関係の奥底に潜む「構造」とは何かを私たちに示してくれます。

『親族の基本構造』の中には、構造言語学のアイデアと、もうひとつの重要な要素が流れ込んでいます。それは1925年に『贈与論』を出版して、贈与交換をめぐる問題提起を行ったマルセル・モースの学説です。『親族の基本構造』は、言うならば構造言語学とモースの学説のアマルガム（合金）なのです。

ここではいったん「構造」から離れて、モースの議論をレヴィ＝ストロースがどのように継承したのかを見ておきましょう。

レヴィ＝ストロースが親族研究に取り組み始めた頃には、20世紀初頭からの世界各地でのフィールドワークによって、親子関係に関するデータが集まってきていました。レヴィ＝ストロースは、それらのデータを積極的に利用したのです。

これまでの人類学の親族研究では、親子関係の調査に基づいて、その社会が「父系社会」なのか「母系社会」なのか、あるいは「双系社会」なのかという体系的な見取り図が提示されているだけでした。これに対してレヴィ＝ストロースは、親子関係ではなくて

「婚姻」に焦点をあてることで親族研究を進めていく手がかりを見いだします。これがそれまでの親族研究と違う、彼独自の視点です。

婚姻ではたいてい夫側から妻側に支払われる婚資として、現金や家畜、妻が婚入先に持ち込む持参金などの贈り物が家族間で移動します。それに加えて、レヴィ＝ストロースは「花嫁」もまた贈り物なのだと解釈しました。あらゆる婚姻は女性を贈与するという点において、一種の交換行為なのです。

そう考えたのは、レヴィ＝ストロースがモースから学んだためです。2章で見たように、トロブリアンド諸島の人たちは、「赤い貝の首飾り（ソウラヴァ）」と「白い貝の腕輪（ムワリ）」からなるヴァイグアを価値のある宝だとみなしています。しかし客観的に見れば、それはただの貝殻にすぎません。

マリノフスキの『西太平洋の遠洋航海者』（1922年）の中で取り上げられたクラ交易の記述考察を踏まえてモースが気づいたのは、価値あるものだから交換されるのではなく、交換されるからこそ価値があるということでした。交易が制度として各島間で行われていて、人々が貝殻を熱心に欲しがるために、ヴァイグアの値打ちが上がるのです。

現地の人たちは、共通の価値観としてヴァイグアが意味のあるもの、素晴らしいものだという認識を持っています。ここで、1章で見たデュルケームの学説を思い出してみましょう。デュルケームは、個人の意思とは無関係に社会全体で共有されている事実を「社会的事実」と呼びました。

実はデュルケームは、モースのおじ（母の弟）にあたる学者なのです。そんな関係もあってか、モースも「社会的事実」の一例として、クラ交易における交換を捉えようとしたのでした。

レヴィ＝ストロースはモースに即して、婚姻制度における「女性」をクラ交易のヴァイグアと見立てたのです。彼は婚姻制度があって交換がなされるのではなく、女性の交換のために婚姻制度があるという仮説のもとに議論を組み立てていきました。

なお、もしかしたら読者のみなさんの中には女性に対して「交換」という言葉を使うことに違和感を抱く方もいるかもしれません。これに関しては、現代のジェンダーの観点からはある意味で時代遅れと捉えられる向きもあろうかと思います。ここでは、あくまでレヴィ＝ストロースの学説を理解するうえでの用語として使用していると断りを入れ、以後この言葉を用いることにします。

インセスト・タブーと婚姻

『悲しき熱帯』で出てきたナンビクワラを例にしましょう。ナンビクワラ社会では、「交叉いとこ」の男女同士は、生まれた時から「夫」や「妻」を意味する言葉で呼び合っていました。それは、ある男性にとっては、彼の父の姉や妹あるいは母の兄や弟の娘のことです。男性は、それらの娘のうちの1人とやがて結婚するのです。

その男性にとっては、逆に規則上、結婚を許されない女性たちがいます。母やオバや姉妹がその範疇に入ります。父の兄や弟あるいは母の姉や妹の娘という「平行いとこ」もまたその範疇に入ります。その男性とそれらの範疇の女性たちとの間には結婚だけでなく、性的交渉が禁止されています。つまり「インセスト・タブー」です。

このインセスト・タブーという言葉を聞いたことがある人もいるでしょう。これもまた、人類学において重要な用語です。インセスト・タブーとは、ある範疇の親族との性交渉や結婚を禁ずる規則のことです。近親婚ないしは近親相姦の禁止と訳されます。インセスト・タブーは、それぞれの文化によって恣意的に範囲が決まっているのですが、それは人類社会において普遍的に見られるのです。

このような、人々に意識されないけれども共同体の中で伝承されている習慣は、前述の構造言語学の考えを用いて読み解いてみるとすっきりと理解できます。「姉妹と交叉いとこ」を、無声と有声の弁別特性を持つ音素の二項対立「/t/と/d/」のようなものだと考えてみるのです。

「姉妹と交叉いとこ」を二項対立の要素として捉えることによって、「インセスト・タブーと婚姻」の役割が明確になります。ある男性は、彼の姉妹とは結婚が禁止されています。つまり、インセスト・タブーの範囲にあります。その一方で、ナンビクワラの男性にとっては彼の「交叉いとこ」の女性を結婚相手（妻）とすることができるのです。つまり、婚姻関係を結ぶことができるのです。「/t/ と /d/」が単語の意味を決めるように、「姉妹と交叉いとこ」が家族のありかたを規定するのです。

先ほど見たモースの贈与交換の気づきに戻りましょう。モースによれば、同一集団の男性のメンバーにとって、女性の「利用可能性」は限定されています。利用可能性が限定された範囲が、インセスト・タブーです。

一方、インセスト・タブーの裏返しとして、自集団の女性を他の集団の男性に送り出します。モース的に言えば、インセスト・タブーの範囲にある女性だから交換するのではなく、交換するためにインセスト・タブーが生まれると言うべきなのです。

社会学者・橋爪大三郎は『はじめての構造主義』の中で、女性や物財の交換に関して以下のように述べています。

必要があるから交換がある、のではなく、交換のために交換がある。人間は〝交換する動物〟なのだ。必要に迫られて、人間は言葉をしゃべったわけじゃない。言葉をしゃべるのは、まったく無償の行為だ。それと同時に、人間には、人間だけのものである豊かな意味の世界がひらけたのだ。ソシュールが、言語記号のことを、物質的な世界に縛られない恣意的なものだと言ったのは、そういういみですよ。同じように、女性を、物財を、交換するのも、必要に迫られてのことじゃない。そうするのが、人間らしいことだからだ。（橋爪大三郎『はじめての構造主義』講談社現代新書、１９８８年、１０２―１０３頁）

様々な社会で人々が交換するのは、交換することで利益を得ようとか、相手を喜ばせるためであるとかではありません。そうではなくて、まずは交換されるという「現実」があるのです。人々は、そういうしきたりがあるために、交換を行っているのです。そしてその交換の体系には、人間が生きている秩序を成り立たせる「構造」が潜んでいます。交換もまた、私たちが何気なく喋っているのに、そこには厳密なルールが隠されている言葉と同じようなものなのです。

限定交換と一般交換

『親族の基本構造』のレヴィ＝ストロースの説明は、実は、前述したものよりもずっと精密に進められています。少し難しくなるかもしれませんが、ここではその一端を紹介しておきたいと思います。

まず、レヴィ゠ストロースは婚姻により生じる女性の交換を「限定交換」と「一般交換」の2つのタイプに分けています。「限定交換」とは、2つの集団から成る社会で、片方の集団Aの男性が、もう片方の集団Bの女性と結婚することを選好する制度です。集団Aは、妻となる女性を集団Bから受け入れ、Aは自集団の女性を妻としてBに与えるというように、2つの集団は、女性を与え合う互酬的な関係にあります。

他方で「一般交換」とは、3つ以上の外婚集団から成る社会で行われる「縁組理論」のことです。例えば、集団A、B、Cがあると想定した場合、AはBに自集団の女性を妻として与えるのですが、Bは自集団の女性をAに与えるのではなく、Cに与える。CはAに女性を与えます。「一般交換」では、A→B→C→Aという流れで女性が一方向に流れ、全体として社会を女性が「循環」します。そこでは「限定交換」のような互酬性がないように見えるのですが、女性の循環の中で考えれば、AはBに女性を与えることで、Cから妻となる女性を受け取ることができるため、間接的に互酬的関係が成立しているのだと言えます。

「限定交換」と「一般交換」という、この2つの形態が「基本構造」であり、レヴィ゠ストロースはあらゆる婚姻の形態が、これらを組み合わせるか、あるいは変形させたものであると述べています。婚姻は、女性を他集団へ送り出し、自集団に他集団の女性を迎え入れることを促します。それは逆に、自集団内で性交渉（結婚）を禁じるインセスト・タブーとして現れるのです。

自集団内で結婚を繰り返していたならば、集団はやがて自らのうちに閉じてしまい、外に向かって社会環境が成立することはなくなってしまうでしょう。言い換えれば、生まれ育った集団の外に女性を与え、他の集団から女性をもらうという女性の交換によって、どの集団も次世代を生み出す女性の確保を確実なものとし、社会環境を成立させてきたことになるのです。

インセスト・タブーは、社会を閉じて消滅させてしまう不利な行為を禁止し、社会環境を人類社会にまで拡大発展させていくことを可能にする規則だとも言えます。つまり、インセスト・タブーの原理こそが、人類社会を成立させてきたのです。

また、こんなことも言えます。家族は、「交換する主体」として最初から存在するのではありません。集団内で性交渉（結婚）を禁止することによって、「交換する主体」としての家族が生み出されるのです。ある集団は、婚姻によって姻戚となった近隣の集団と友好な関係を結び、経済的資源の獲得をめぐって起きる争いを未然に回避し、平和的な秩序を維持しようと努めていると見ることもできるでしょう。

『野生の思考』前夜

『親族の基本構造』によって高い評価を得たレヴィ＝ストロースのその後の歩みは、けっして平坦なものではありませんでした。

コレージュ・ド・フランスの教授に立候補しましたが、二度の落選を経験します。その後、学友メルロ＝ポンティの奔走によってコレージュの社会人類学の教授に就任するのは、50歳を越えてからのことでした。

この頃、1952年にはユネスコの依頼により『人種と歴史』を、1955年には前出の『悲しき熱帯』を出版しています。レヴィ＝ストロースは「親族研究」から離れ、その後しだいに「宗教」や「神話」をテーマとするようになりました。

ここでは、彼の「火あぶりにされたサンタクロース」という1952年の論考に注目してみようと思います。後で取り上げますが、レヴィ＝ストロースの功績に、名著として名高い『野生の思考』があります。それは『親族の基本構造』において提起された彼の理論や方法をよりいっそう体系化しようとして書き上げられたものです。

『野生の思考』の中心的なテーマは、「栽培化された思考」である「科学的思考」に対置される、人類に普遍的に見られる知的操作の様式である「野生の思考」でした。その先駆けのひとつとなったのが、ここで取り上げる「火あぶりにされたサンタクロース」です。その論考の中に、『野生の思考』の端緒を摑むことができるのです。

それは、1951年の12月23日に起きたフランスのディジョン大聖堂広場前のある出来事を取り上げています。その日、青少年たちの前で、サンタクロースが火刑に処せられるという衝撃的な事件があったのです。それ以前からフランスでは、カトリック教会の高位聖職者の間で、アメリカから輸入された新たなクリスマス文化が広まり、サンタクロースの人気が日に日に高まっている状況に対して危機感が募っていました。要するに彼らはクリスマスとサンタクロースが世の中に浸透することで、自分たちの宗教的立場が危うくなることを恐れたのです。レヴィ゠ストロースは、その事件の背後にある歴史と民俗に斬り込んでいます。

クリスマスの起源は、古代ローマやケルトなどの異教の祭りにあるとされます。異教の祭りはもともと、太陽の力が弱まり、秋が深まる時期に行われていたといいます。その時期には、死者が生者を攻め立てるように、夜が昼を脅かすのです。

その論考でレヴィ゠ストロースは、クリスマスと比較するためにネイティヴ・アメリカンのプエブロ・インディアンの「カチーナ」と呼ばれる儀礼を取り上げています。仮面をかぶり、子どもたちに罰や褒美を与えにやって来る精霊カチーナとは、実は彼らの社会において早死にした子どもたちなのです。

プエブロの神話では、プエブロの人たちが村に定住し始めた頃、毎年カチーナがやって来て子どもたちをさらっていったとされます。悲嘆にくれた大人たちは、仮面とダンスでもてなすのと引き換えに、カチーナにあの世にとどまってもらうという約束を取り付けます。贈り物をする儀礼をつうじて、世界のバランスが回復されるのです。

レヴィ＝ストロースは、ヨーロッパの異教の祭りもかつては、プエブロのカチーナと同じような原理をもって行われていたのだと推測しています。キリスト教会は、そうした異教の祭りを自らの宗教行事の中に取り込んでいったのです。

古くは、秋が深まる季節は、夜が昼を脅かし、死霊が跋扈《ばっこ》する季節だと考えられていました。ところがキリスト教が浸透してくると、イエス・キリストの生誕により、世界に光がもたらされると考えられるようになったのです。死霊たちが、いつの間にかキリスト教の聖者に置き換えられていったわけです。

しばらくすると今度は、フランスで子どもを脅かす怪物である「クロックミテーヌ」や「鞭打ち爺さん」が、いい子にしていると家の外の闇から贈り物を与えてくれる存在になりました。その後、そのような闇の使者たちに聖ニコラウスやサンタクロースが次第に取って代わるようになったのです。

私たちは、今ではクリスマスの習慣をつうじて子どもたちにあの世から贈り物が来たと信じさせています。しかし実は、私たちは子どもたちにプレゼントを与えるふりをして、自分たちがあの世に贈り物をしているのだとレヴィ＝ストロースは言います。

今日、サンタクロースが贈り物を子どもたちに届けてくれる習慣の起源は、死霊たちに贈り物をして、あの世にとどまってもらうというキリスト教以前の異教の祭りにあります。それが「火あぶりにされたサンタクロース」の論旨です。アメリカからヨーロッパに入って来たクリスマスの祝い方の中にも、死霊たちとの交換という、人類の普遍的な思考形態である「野生の思考」が息づいているのです。

トーテミズム幻想とその隠れた論理

その10年後、１９６２年に、レヴィ＝ストロースは代表作を発表しています。ひとつが『今日のトーテミスム』、もうひとつが前出の『野生の思考』です。『今日のトーテミスム』の主題であるトーテミズムは、『野生の思考』の中でも論じられています。ここではレヴィ＝ストロースがどのようにトーテミズムを捉えていたのかを見てみましょう。

トーテミズムとは、ある社会集団と特定の動植物を結びつける慣習です。その用語自体は、北米五大湖地域に住む先住民オジブワの「オトテマン」に由来するとされます。オジブワの5つの主要クラン（氏族）は、サカナ、ツル、アビ、クマ、オオシカあるいはテンという5つの動物種のトーテムを冠した集団に分かれていました。トーテム集団では、トーテム動物を殺したり食べたりするのはタブーと解釈されることが多く、そうしたタブーがトーテミズムの特徴であるとされました。

法学者ジョン・マクレナンは、1865年の『原始婚姻』の中で、同じトーテムを崇拝する集団内では結婚相手を選ぶことができないことに基づいて、外婚制とトーテミズムの関係を論じました。マクレナンに強い影響を受けたフレイザー（1章参照）は、1910年に『トーテミズムと外婚制』を出版しています。フレイザーは、トーテミズムを集団とトーテム動植物を一体化させた宗教・社会現象だと位置づけ、その起源についての仮説を提示しました。社会学者のデュルケームは、1912年の『宗教生活の基本形態』の中で、オーストラリア先住民のトーテミズムを取り上げています。ある集団が特定のトーテム動植物と親縁関係にあることを信じ、トーテムを祀《まつ》る儀礼やトーテムを殺したり食べたりしないタブーを設けることで、個々のメンバーに集団の秩序や連帯を確認させ、社会全体が統合されていると主張しました。1913年には、精神分析学者ジークムント・フロイトが『トーテムとタブー』を出版し、父を殺して母を娶《めと》りたいという「エディプス・コンプレックス」に根ざした願望を否定する過程で、トーテム動物に対するタブーや集団内の婚姻の禁止を特徴とするトーテミズムが生み出されたのだと論じています。

このように、19世紀後半から20世紀初頭にかけて、トーテミズムに多大な関心が注がれ、錚々《そうそう》たる研究者たちがこぞってその解明に挑んだのです。しかし、トーテミズムに対する学問的な関心は、1920年代に入る頃までには急速に失われてしまいます。その後、親族研究を経て、宗教や神話に関心を向けるようになったレヴィ゠ストロースが取り上げるまでは、ほとんど扱われることはなくなっていました。

レヴィ゠ストロースは、19世紀末のほぼ同時期に「トーテミズム」と「ヒステリー」に関心が注がれたことに注目しています。その2つのトピックが取り上げられたことは、偶然ではなかったのです。彼によれば、研究者たちは、自分たちの中にある都合の悪い部分を「未開人」や精神病者に投影して、自らの正常性を確かめようとしたのです。「未開人」や精神病者というトピックには、研究者の願望が強く反映されたと言うのです。レヴィ゠ストロースは、トーテミズムは、西洋を「未開」とは異なる合理的な世界とするために生み出された「幻想」だったと考えました。

トーテミズムは、研究者たちの創造の産物だったのです。レヴィ゠ストロースによれば、トーテミズムなど存在しません。あるのは「トーテム幻想」だけなのです。

トーテミズムとは何か

それではレヴィ＝ストロースは、トーテミズムをどのように理解したのでしょうか。たとえば、あるクラン（氏族）がジャガーを、別のクランがクマをトーテムとしているとしましょう。そこでは、ジャガーとクマという種の「差異」を用いて、人間のトーテム集団同士の「差異」が表現されています。自然の中にはおびただしい数の種が存在するので、集団をそのうちのどれかに喩えることによって、膨大な差異の体系を表現することが可能になるのです。

彼が『野生の思考』の中でトーテミズムの本質を理解するために重要な装置として取り上げたのが、「トーテム・オペレータ」です。それは、先住民たちが動物の身体の各部位をいったん分解し、再構成して外科手術的に操作することに基づいて考えられたものでした。ジャガーという「種」やクマという「種」は、「個体」であるジャガー1、2、3……、クマ1、2、3……に分けられます。ジャガー1、2、3……、クマ1、2、3……はそれぞれ、頭、首、足などの「部位」に分解されます。ジャガー1の頭、ジャガー2の頭……、ジャガー1の首……という具合に。

こうして「種」から「個体」へ、「個体」から「部位」へと分解していった後、今度は、ジャガー1の頭、ジャガー2の頭……という「部位」を集めて、「種」ごとの「部位」にまとめます。ジャガーの頭すべて、クマの頭すべて、ジャガーの首すべて……という具合です。次に、ジャガーの頭すべてとクマの頭すべてを合わせると、頭のすべて、首のすべて……というように、体の「部位」ごとのまとまりになります。最後に、頭のすべてと首のすべて……という体の「部位」のすべてをまとめれば、「個体」のモデルが完全に元通りに再構成されることになります。

ジャガーやクマなどの「種」は理論的には、すべてのジャガーやすべてのクマという、無限の「個体」であるという同一の要素で構成されています。今度はジャガーやクマを「個体」として見ると、それらはジャガーやクマという「種」に属する構成要素になっています。またジャガーやクマという「個体」は、頭、首、足などの身体の「部位」から構成されているのです。

トーテム動物という「種」は、「個体」の下位のレベルで分類すれば、頭やその他の「部位」から構成されると見ることができます。そうした知的操作は、集団を社会的な身体というイメージで捉える時のヒントになります。集団の下位グループは、身体の「部位」に位置づけられるのです。このようにしてレヴィ＝ストロースは、人々が「トーテム・オペレータ」と呼ぶ知的操作を用いてトーテミズムを捉えているのだと考えました。

つまり、ここではジャガーやクマなどのトーテム動物は、集団間の関係や集団と個人の関係を概念化するためのツールとして用いられているのです。レヴィ＝ストロースは、トーテミズムはこのように、動物などの自然種をシンボルとして用いて、それらを解体したり、再構成したりすることによって、人間の中にある「差異」を説明づけているのだと考えました。

レヴィ＝ストロースは、19世紀末から20世紀初頭にかけてトーテミズムを取り上げて論じた研究者たちは、民族誌的なデータを理解できていなかったのだと断じます。逆に彼はトーテミズムを再検討することで、その裏には一貫した論理が働いていることを発見したのです。これもまた、構造主義的な発想と言えるでしょう。人間はいつの時代にも世界を理解するために巧みに思考してきたというのが、レヴィ＝ストロースのトーテミズムに対する見立てです。

『野生の思考』の誕生

レヴィ＝ストロースは、『野生の思考』でトーテミズム研究をさらに発展させています。「未開」社会の人たちが、どうやって目の前にある世界の分類体系を構築しているのかに斬り込んだのです。そしてそのような「野生の思考」が、人間にとっていかに重要なものであるのかを明らかにしています。「野生の思考」の具体例を紹介しましょう。

アメリカ先住民のポーニー・インディアンは、小屋を建てて季節儀礼を行います。その小屋の柱には、方角ごとに4種の木が使われます。木はそれぞれ、違った色に塗られます。南西方向には白いポプラ、南東方向には赤いネグンドカエデ、北東方向には黒いニレ、北西方向には黄色いヤナギが置かれます。方位はそれぞれ季節を象徴しており、季節が集まって年となります。こうした分類は、ポーニーの人たちにとっての方位＝空間概念と季節＝時間概念の仲立ちをします。

この分類体系は分類のためだけにあるのではなく、空間と時間を結びつけ、宇宙の連続性を表現しています。それは、象徴の次元で現実をいったん解体した上で再構成し、全体像をつくり上げる手段となります。レヴィ＝ストロースはこうした分類体系の分析をつうじて、文化の核心部分で働いている思考様式、すなわち「野生の思考」を取り出そうとしたのです。

「野生の思考」とは、非合理的で非論理的だと思われてきた「未開人」の遅れた思考法ではありません。「科学的思考」と同じように合理的であり、人類にとっても普遍的な思考法のことなのです。

「野生の思考」は、はるか昔に存在した思考形態ではなく、今日でもなお息づいています。私たちも、日常においてポーニー・インディアンのように、物事を分類しながら世界を理解しようとします。

　たとえば春分や秋分の日には、太陽が真東から昇って真西に沈みます。大乗仏教が浸透している日本では真西に沈む太陽の先に「浄土」があるとされてきたので、春分や秋分の日には「此岸《しがん》」から「彼岸」へと至る仏事が行われています。このような例からも、現代人の中に「野生の思考」が働いていることが分かります。

　レヴィ＝ストロースは、「野生の思考」は新石器時代に原始科学のもとになり、その後、農耕や牧畜、陶器や織物などの美術工芸を生み出したと言います。

　しかし、「野生の思考」は19世紀ヨーロッパでは「未開人」の思考法として、近代の外側に追いやられるようになりました。「野生の思考」は、私たちの住む近代的な世界こそが合理的だとみなすために、野蛮で劣った思考であるとして語られてきたのです。レヴィ＝ストロースが「野生の思考」を持ち出したのは、そんな流れに対する強烈なアンチテーゼを示したかったからです。

　彼が言う「栽培化された思考」とともに、「野生の思考」は今日に至るまで生き続けてきています。「野生の思考」と「栽培化された思考」の違いは、前者が感覚、直観に基づいて物事を捉えるのに対して、後者はモノを生産する効率を高めるために用いられるという点にあります。つまり「野生の思考」とは、近代科学によって分断されてしまった人間の感覚的な思考を重視し、それを基に世界を捉えようという思考法なのです。

具体の科学という思考様式

レヴィ＝ストロースは、そもそも人間は五感を使って感じたことから物事を体系化していったと言います。そしてそれを「具体の科学」と呼んでいます。「具体の科学」の一例を、ボルネオ島の焼畑民イバンの「鳥占い」から紹介してみましょう。

イバンは、7種の鳥を用いて予兆を占います。カンムリカケスのさえずりは燠火《おきび》のはねる音を表していて、焼畑がうまくいく予兆だとされます。アジアキヌバネドリ属の警戒の鳴き声は、喉を切られた動物の喘ぎに似ているため、狩りの豊猟の前兆だとされます。

イバンが予兆を示していると考えている鳥たちに対して、これらとはまったく異なる意味づけをすることもできるはずです。また、それぞれの鳥の別の特徴を取り出して、別の解釈をしてもよいはずです。さらに予兆の鳥は7種だけに限られているのですが、なぜそれらの鳥だけが選ばれたのかに関してもはっきりした理由はありません。しかしイバンの人たちは、上で見たような幾つかの特性を選び出して、恣意的な意味づけをしているのです。

興味深いのは、鳥占いは、どの鳥のどんな特徴を用いるのかというレベルでは恣意的であっても、体系として全体を見ると一貫性があることです。それぞれの鳥が持つ特徴を結び合わせてみると、複雑な情報を表現できる鳥たちが選ばれて、きちんと体系の中に編み上げられていることが分かります。鳥の種類や特徴などの要素自体にはもともとの意味などありません。意味は、各要素が置かれる位置によって決まるのだとレヴィ＝ストロースは言います。

「野生の思考」とは、こうした「具体の科学」に基づく思考法です。いわゆる「科学的思考」は、ごく限られた現象だけを取り上げて、まずその部分の説明を試み、次に現象の別の部分へ、さらにその次へと進んでいきます。他方で、「野生の思考」は感覚に頼りながら、できる限り最短の手段で世界を理解しようとするのです。私たちの人生においても、論理的な思考に支配されるのではなく、直観によって物事を捉え、判断したほうがよい結果を招くことがあります。それは、現代でも私たちの中で「野生の思考」が働いているからなのです。

ブリコラージュ

みなさんの中には、「ブリコラージュ」という言葉を聞いたことがある人もいるかもしれません。レヴィ＝ストロースは「野生の思考」をより具体的に説明するために、「ブリコラージュ（器用仕事）」という概念を持ち出してきます。ブリコラージュとは、限られた持ち合わせの材料や道具を間に合わせで使いながら、目の前にある状況に応じて必要なモノをつくり出すことです。その場合、人は偶然、身の回りにあるモノや、以前の仕事で用いた残り物などの、本来の用途と目的とは無関係なものを流用します。そうした器用仕事をする人が、「ブリコルール（器用人）」です。

ブリコルールが仕事をしているところを、レヴィ＝ストロースは、以下のように描いています。

計画ができると彼ははりきるが、そこで彼がまずやることは後向きの行為である。いままでに集めてもっている道具と材料の全体をふりかえってみて、何があるかをすべて調べ上げ、もしくは調べなおさなければならない。そのつぎには、とりわけ大切なことなのだが、道具材料と一種の対話を交わし、いま与えられている問題に対してこれらの資材が出しうる可能な解答をすべて並べ出してみる。しかるのちその中から採用すべきものを選ぶのである。彼の「宝庫」を構成する雑多なものすべてに尋ねて、それぞれが何の「記号」となりうるかをつかむ。（レヴィ＝ストロース『野生の思考』大橋保夫訳、みすず書房、1976年、24頁）

ブリコルールは何かをつくり上げる際、設計図を緻密に描き、材料を調達して組み合わせていく方法はとりません。すでにある材料や道具を見渡して、使えるかどうかを検討し、実行に移していくのです。

「記号」とは、意味を運ぶ媒体のことです。彼が周囲からかき集めたモノの記号は、それらのモノがそれまでに使用された過程の中ですでに形づくられてしまっています。ある材料は、もとは機械の特定のパーツに用いられていたわけですから、その可能性はあらかじめ制限されています。

ところがブリコルールは、そんな制限などお構いなしに、集めた要素同士の内的組み合わせを変えて再配列し、新たな秩序のもとで構成し直すのです。そして最終的に目標とするモノが「でき上ったとき、計画は当初の意図(もっとも単なる略図にすぎないが)とは不可避的にずれる」(同書、27頁)とレヴィ＝ストロースは指摘します。

たとえば雪の降る寒い日、買い物に出かけるのもおっくうだけど、温かいものを料理して食べたいと思った時のことを考えてみましょう。冷蔵庫を覗くと、玉ねぎとジャガイモがたくさん残っています。でも肉がありません。肉ジャガをつくるのは、どうやら難しそうです。一方で、冷凍エビがあります。カレールーもあるので、そうだ、ニンジンや肉がなくてもいい、エビを入れて、カレーをつくろう……と、こういう具合に、手元にあるあり合わせの具材で工夫して、とにかくお目当ての温かい食べものをつくり上げるというのが、ブリコラージュです。

モノだけではなく、呪術、神話、儀礼などもブリコラージュ的につくられてきたと捉えることができます。それらは別の時代に別の場所で考えられたものが、今目の前でつくりつつあるものに再利用されるという仕組みを持っています。新石器時代の人たちや「未開」人たちは、常に巧みなブリコルールだったのです。

そして、ブリコルールによってつくられた新たなモノも神話も儀礼も、ふたたび解体されて再配列され、どんどんと変形が重ねられていくのです。

レヴィ＝ストロースは、シュールレアリストであるアンドレ・ブルトンの言葉を引用して、ブリコラージュとは「客観的偶然」の産物だと言っています。それは、偶然のように見えても、必然を秘めているモノのことです。それは、レヴィ＝ストロースによって発見された「構造」のことに他なりません。呪術、神話、儀礼というブリコラージュのリストには、シュールレアリストによって生み出された芸術を加えることもできるでしょう。

気を付けなければいけないのは、すでに述べたように、レヴィ＝ストロースが「科学的思考」と「野生の思考」を対立的に捉えていないことです。「野生の思考」はルネサンス期以降の科学の発達とともに、ヨーロッパでは迷信とされたり、非合理なものと考えられたりしてきました。しかしレヴィ＝ストロースは、この2つの様式は同等のものとして並置されるべきものだと言います。

変化に抗する冷たい社会

レヴィ＝ストロースは1961年のインタヴュー集『レヴィ＝ストロースとの対話』の中で、「未開社会」と「近代社会」を「冷たい社会」と「熱い社会」という概念に置き換えて語っています。そもそも彼は、社会というものは機械に似ているという直観を持っていました。その感覚に従い、「工学的機械」と「熱力学機械」という比喩を用いて、「冷たい社会」と「熱い社会」を説明しています。

「工学的機械」とは、最初に与えられたエネルギーを用いて際限なく作動する機械のことです。他方で、「熱力学機械」は、汽罐《きかん》（ボイラー）と凝縮器（コンデンサー）の温度差によって作動します。

「冷たい社会」は、自分を初めの状態に保とうとする傾向を持つため、歴史も進歩もないように見えます。それに対して「熱い社会」は、蒸気機関を利用する社会というだけでなく、その社会構造からして蒸気機関に似ています。蒸気機関が熱い部分と冷たい部分の差からエネルギーを生み出すのと同様に、「熱い社会」は、社会階級の間に生じた潜在的なエネルギーの差を利用します。「熱い社会」は、時間を累積的連続として捉え、過去と現在を単一線上に置いて、進歩の線路をひた走るのです。

レヴィ＝ストロースは、「冷たい社会」は常に変化に対抗すると言います。たとえばそれは、ニューギニアのガフク・ガマの人たちの例から分かります。彼らはサッカーの文化が新たにもたらされた時に、両チームの勝ち負けの数が正確に等しくなるまで、何日でも続けて試合を行ったと言います。

そもそもスポーツゲームとは、対戦するチームの間に勝ち負けという差をはっきりと生み出すものです。この意味で、「離接的」ということができるでしょう。ところが儀礼は、もともと離れていた2つの集団の間をひとつに結びつけるので、「連接的」なものです。「冷たい社会」であるガフク・ガマの人々は、サッカーという「離接的」なスポーツに「連接的」な儀礼の機能を持たせたのです。彼らは、サッカーというゲームを通して自分たちを初めの状態に保とうとしたのです。

さらにレヴィ＝ストロースは、カメ、ワシ、クマという3つのクラン（氏族）から成る架空の社会を想定しています。それぞれのトーテム動物は、水、空、地という自然元素を象徴しています。人口変動によってまずクマのクランが絶滅します。それに対して、カメのクランの人口が大幅に増えた結果、カメのクランは、灰色のカメと黄色のカメという2つのサブ・クランに分裂します。その後、その2つのサブ・クランはそれぞれクランに昇格します。その経緯をめぐる情報が失われた結果、灰色のカメ、黄色のカメ、ワシという3つのクランの名前だけが残るのです。レヴィ＝ストロースによれば、たいていの場合、こういう過程を経てクランは生まれるのです。このようにして「分類体系」もまた変化に抗して、社会を冷たく保つのです。

「冷たい社会」では、いったん解体されたものが、元の状態に近い状態に再編成されます。どこまでも初めの状態の中に自分を保とうとする傾向を持つ「冷たい社会」は、そのようにして常に変化に抗するのです。

構造と歴史

本章の冒頭で、レヴィ＝ストロースは人間が日々生きている中で、意識されていない「構造」、すなわち「生の構造」を解明したと述べました。以下では、これまで述べてきたことが「生の構造」とどう関係するのかを見てみようと思います。

レヴィ＝ストロースの構造主義を理解するために、ここでは、ひとつの重要な句を挟みましょう。それは、シュールレアリストに多大な影響を与えたロートレアモンの「解剖台の上のミシンと洋傘の偶然の出会い」という言葉です。

その句では、フランス語の「ミシン（machine à coudre）」と「洋傘（parapluie）」が対比されています。ミシンは布地に働きかけて形を整えるものであり、洋傘は雨水に受動的に対抗するものです。ミシンは縫うために針を使うので、尖端は下向きに設置されていますが、洋傘はドーム型になった上部に尖端がのっています。

これらにはもちろん、それ以外にも幾つもの対比のしかたが可能かもしれません。ここでは、一見関係のなさそうな2つのものが解剖台という第三の事物の上に置かれて偶然に出合い、ばらばらに解体されて、その要素に潜む対比をつうじて互いに歩み寄るかたちで変形しているのです。本章の冒頭で述べた、ベビーカーの中からパン屋と肉屋の看板を見て、両者に共通する「構造」を発見した3歳のレヴィ＝ストロースの逸話もまた、構造主義的な分析の勘所を表したものです。

レヴィ＝ストロースは、日本講演集『構造・神話・労働』の中で、「構造」の定義について語っています。

「構造」とは、要素と要素間の関係とからなる全体であって、この関係は、一連の変形過程を通じて不変の特性を保持する。（レヴィ＝ストロース『構造・神話・労働』大橋保夫編、みすず書房、1979年、37頁）

抽象的でやや難しいですね。「構造の特性は、その均衡状態になんらかの変化が加わった場合に、変形されて別の体系になる、そのような体系であることなのです」（同書、38頁）とも言っています。これでもまだ難しいかもしれません。要素と要素からなる全体が変形しても不変の特性を維持するとか、体系に変化が加わっても、なおそのような体系のままであるとか言うのは、いったいどのようなことなのでしょうか。

人の顔で具体的に説明してみましょう。人の顔は、目、鼻、唇、耳、眉、睫毛など要素と要素の関係からなる全体です。頭のてっぺんから目までの長さを変えてみても目は目です。鼻は高かったり低かったりするのですが、鼻は鼻です。目が大きくなったり小さくなったり、細くなったり丸くなったりしても、眉毛は目の上に付いています。つまり、顔の縦の長さや横の長さを変形させてみても、顔全体を大きくしても小さくしても、目や鼻や唇や耳などの顔の諸要素の関係そのものは不変です。そういった特性を持ったものが、「構造」なのです。

上で見た「冷たい社会」では、「儀礼」や「分類体系」において、諸要素は変形されて別の体系になることもあるのですが、「構造」は維持されたままでした。ニューギニアのガフク・ガマにサッカー文化が入って来た時に、両チームの勝ち負けの数が等しくなるまで試合を続けるという、集団間のコミュニオン（一致）を目指す「儀礼」の「構造」は維持されていました。ある共同体の中でクランは絶滅したり、サブ・クランに分裂したりして、もともとのクランは解体してしまうことがあります。しかし、「分類体系」としてのクランという「構造」は維持されたまま、新しいクランへと移行するのです。

ところが、そうした解体と再編成のプロセスが崩れることがあります。人口変動が「構造」を爆破してしまうとレヴィ＝ストロースは言っています。「構造」を否定する歴史によって、世界がつくり変えられるのです。レヴィ＝ストロースは、「熱い社会」は、歴史的生成を自己のうちに取り込んで、それを発展の原動力にすると述べています。「冷たい社会」にあった秩序が解体を繰り返すと、「構造」がうまく働かなくなって、「熱い社会」が生み出されるのです。そうなると、「熱い社会」ではますます階層の分化が進んで、その格差をエネルギー源として生産性が高められていきます。私たち現代人は、そうした「熱い社会」で暮らしているのです。

レヴィ＝ストロースは、「熱い社会」では累積的な「熱力学機械」的な過程が進行している一方で、「冷たい社会」では、循環的な「工学的機械」的な過程が展開していると言っています。「熱い社会」は後戻りできない社会ですが、「冷たい社会」は繰り返されて、後戻りできる社会なのです。もちろんレヴィ＝ストロースが注目するのは、「構造」によって支えられた「冷たい社会」のほうです。

「冷たい社会」には、「構造」が常に隠れています。そこではまた、「神話的過去」が自然の中に潜む秩序として捉えられています。

このような見立てのもとにレヴィ＝ストロースが「神話」の研究に乗り出したのは、パリ高等研究所で比較宗教学を教えていた、1950年代のことでした。1954年には、ネイティブ・アメリカンのプエブロの神話分析を始めて、後の『神話論理』の研究手法が具体化されていきます。

レヴィ＝ストロースの神話研究

レヴィ＝ストロースは、その後1962年から『神話論理』の執筆を開始し、1964年の『生のものと火を通したもの』、1967年の『蜜から灰へ』、1968年の『食卓作法の起源』、1971年の『裸の人』にまで続く4巻（日本語版は、『裸の人』は1、2巻で計5巻）からなる神話研究を出版しています。人間が思考してきた軌跡を神話のテキストの中に読み解くという作業に乗り出して、構造主義の成果を織り上げていったのです。

1988年に出版されたインタヴュー集『遠近の回想』の中で、レヴィ＝ストロースは「その二十年間、夜明け前に起きて仕事をし、神話に酔ったようになって、私は本当にまるで別世界に生きていたようでした」（レヴィ＝ストロース／エリボン『遠近の回想』竹内信夫訳、みすず書房、1991年、239頁）と回想しています。「私の体に神話が沁み込んでいました」（同頁）とも言っています。それは、仏教で言うところの「サマーディ」、その音写である「三昧」のようなものではないでしょうか。レヴィ＝ストロースは神話研究に精神集中が極まった境地に達していたのです。

戦間期に青年期を迎え、社会主義運動の闘士となったレヴィ＝ストロースは、堕落したヨーロッパに絶望して世界に出て行った『アデン・アラビア』に感銘を受け、哲学教師を辞めてブラジルに旅立ちます。それ以降も、数々の困難にぶち当たりながらも、ニューヨークで構造言語学に出合い、親族体系やトーテミズムを題材に熾烈な知の闘いを続ける中で、「野生の思考」が深くに刻みつけられた「神話」へと辿り着いたのです。彼は新石器時代の人間たちの精神の中に、要素がばらばらになっても不変の特性を持つ「構造」があることを発見しました。

『生のものと火を通したもの』の「序曲」で、神話研究の目的をレヴィ＝ストロースは以下のように述べています。

生のものと火を通したもの、新鮮なものと腐ったもの、湿ったものと焼いたものなどは、民族誌家がある特定の文化の中に身を置いて観察しさえすれば、明確に定義できる経験的区別である。これらの区別が概念の道具となり、さまざまな抽象的観念の抽出に使われ、さらにはその観念をつなぎ合わせて命題にすることができる。それがどのようにしておこなわれるかを示すのが本書の目的である。（レヴィ＝ストロース『生のものと火を通したもの』早水洋太郎訳、みすず書房、２００６年、５頁）

人類学者はフィールドでの経験をつうじて「生のもの」と「火を通したもの」といった区別を直観します。そうした区別が人々の意識されないところにしまい込まれて、神話という命題を生んでいるのです。

レヴィ＝ストロースは似ている神話や異伝を集めて神話群をつくり、動物学や親族関係などのコードに沿って、神話と神話の間の関係を考察しました。ひとつの神話だけで自己完結しているのではありません。レヴィ＝ストロースは、ある神話が他の神話にどのように変換されているのかを分析することによって、神話の「構造」を明らかにしたのです。

個々の神話は何でもありの馬鹿げた話に見えるかもしれませんが、神話の構造分析の目的とは、そのように無秩序に見える話の中にある「構造」を明らかにすることなのです。それはヤコブソンの構造言語学に影響を受けて、『親族の基本構造』で彼が見いだした手法そのものです。

人類学者・小田亮《まこと》は、ブリコラージュによってつくられた神話の筋を解体し、再構成することによって神話の意味を探るというレヴィ＝ストロースの方法自体もまたブリコラージュ的だと指摘しています。「レヴィ＝ストロースは、アメリカ先住民諸社会の神話を分析しているとき、いくつかの神話について、紙で立体模型をつくって、モビールのように部屋の天井からぶら下げていたという。そのエピソードは、彼が、ブリコラージュによってつくられた神話を、ブリコラージュによって分析していたということを端的に示しているように思われる」（小田亮『レヴィ＝ストロース入門』ちくま新書、２０００年、１６１―１６２頁）のです。

構造主義の未来

『神話論理』を出した後もレヴィ＝ストロースは、『仮面の道』（１９７５年）、『やきもち焼きの土器つくり』（１９８５年）、『大山猫の物語』（１９９１年）と、精力的に神話研究の成果を出版しています。世紀を越えて息の長い学術活動を続けた彼は、１０１歳の誕生日を１ヵ月後に控えた２００９年10月末にこの世を去ります。

レヴィ＝ストロースの提唱した「野生の思考」は、農耕や牧畜、陶器や土器などを生み出した基にある思考形態であり、「科学的思考」と対立するものではありません。それは不変の「構造」を保持しながら、要素を解体し再構成する過程を繰り返すブリコルールの思考形態です。そうであれば、「野生の思考」は私たちの精神の奥底に潜んでいるだけでなく、いまにも踊り出そうとウズウズしているはずです。それは、論理だけではなく、直観を重視して生きています。「野生の思考」は、私たちの中に息づいているのです。

世界中のインターネットのサイトをハイパーテキストでつなぐWorld Wide Web（ワールド・ワイド・ウェブ）は今日、私たちが経験する現実に大きな影響を与えるだけでなく、政治や経済を変える大きな力をも持っています。またSNS（ソーシャル・ネットワーキング・サービス）だけでなく、YouTubeやTiktokなど、次から次へと新たな仮想空間が生み出されてきています。それらは、すでに世の中に存在していた言葉や画像、動画を解体して再構成し、どんどんと新しいモノを生み出し続けています。

これらは、レヴィ＝ストロースの言うブリコラージュであると言えるでしょう。その意味で、現代人の私たちもまた、ブリコルール（器用な人）なのです。

通信革命の進行とともに、リアルとヴァーチャルのあわいで展開するものづくりは、「野生の思考」に支えられています。20世紀に構造主義ブームが起きてから60年が経った現在においてもなお、私たちは「野生の思考」を目撃し、経験しているのです。

4章　ボアズ――「生のあり方」

アメリカと文化人類学

2章、3章ではそれぞれイギリスの人類学者マリノフスキと、フランスの人類学者レヴィ＝ストロースを取り上げました。もうひとつ忘れてはいけないのが、アメリカの人類学です。

そもそも南北戦争（1861—1865）を経た19世紀末から20世紀初頭にかけて、アメリカの人類学の形成には、すぐ近くに先住民であるネイティブ・アメリカンがいたという事実が大きく関わっています。遠く離れた土地ではなく、自分たちの住む場所で古くから暮らしていた先住民に対する研究が進められていったのです。

そもそもアメリカは、移民がつくった国でもあります。18世紀の後半以降、イギリスやその他のヨーロッパ諸国からやって来た移民たち、19世紀初頭までの時期にアフリカから強制的に連れてこられた黒人奴隷たち、19世紀以降にやってきたアジア系移民などが合わさることにより、アメリカという国がつくられました。そうした状況の中、ドイツからの移民であったフランツ・ボアズによって生み落とされたのがアメリカの人類学です。

20世紀に入るとアメリカでは急速に工業化が進みました。その影響によって都市環境の悪化、貧富の格差や黒人の市民権をめぐる課題などの問題が噴出し、アメリカは社会改良と制度調整に取り組まなければならなくなりました。このような時代に直面し、発展したのが、アメリカの人類学だったのです。

アメリカの人類学は同時期に英仏で生まれた人類学からだけでなく、その他の諸科学からの影響を受けながら発展しました。「文化」という概念に拠りながら培われたアメリカの人類学は、「文化人類学」と呼ばれます。文化とは、端的に述べれば「生のあり方（ways of life）」のことです。本章では、ボアズとその学生たちが築き上げていった「生のあり方」をめぐるアメリカの人類学を取り上げます。

フランツ・ボアズ（提供：Alamy/PPS通信社）

ネイティブ・アメリカン研究

ネイティブ・アメリカンの研究には、古くは聖フランシスコ会原始会則派の布教に向かったフランス人ガブリエル・サガールの1632年の『ヒューロンの大地への長い旅』や、1724年のジェスイット派のフランス人神父ジャゼフ・ラティフォーの『北米インディアンの習俗と原始時代の習俗との比較』

などがありました。17世紀の哲人ジョン・ロックは1675年から1679年までのフランス滞在中に多くの旅行書を買ったのですが、そのうちの一冊がサガールの著書だったと言われています。

ドイツの貴族マクシミリアン・フォン・ヴィート＝ノーウィートは、1839年から1841年にかけて2巻本『北米奥地探訪』を出版しています。その中では、ミズーリ川流域に住むマンダン、ヒダツァなどのネイティブ・アメリカンが描かれています。

ボアズの生涯

そんなアメリカのネイティブ・アメリカン研究を大きく発展させたのが、ドイツ生まれの移民だったボアズです。

1858年にドイツのウェストファリア地方のミンデンのユダヤ人の家に生まれたボアズは、ドイツ北部のキール大学で物理学を修め、水の色の認識についての博士論文を執筆し、1881年に博士号を取得しています。

博士号を取得した後、環境と人間の心理の関係に興味を持ったボアズは地理学に転じます。当時、彼は「個々の文化は独自に発生する」という文化史観を持っていた博物学者アドルフ・バスティアンの影響を受けていました。そして産業化し、ますます複雑になっていく社会とは反対の単純な環境で生き続けている人たちを調査研究するために、１８８３年にカナダ北東部のバフィン島へエスキモーの調査研究に出かけます。そこでボアズの人類学者としての人生がスタートしたのです。バフィン島の調査をきっかけに非西洋の文化に関心を持ったボアズは、その後、ベルリンの民族博物館に勤め始めます。

ドイツはその頃、ヨーロッパの中では発展途上国でした。鉄血宰相として知られるビスマルクがイギリスやフランスに対抗できるような国民国家としてのドイツの統合を目指すようになったのは、これよりまだ後のことです。当時、ドイツでは徐々にユダヤ人が排斥される風潮が高まっていました。ユダヤ人であったボアズはその流れに巻き込まれ、憂鬱な日々を送っていたのです。

そんな折、ボアズは１８８６年にふたたび北米西海岸の調査研究に出発し、そのままアメリカに移住することを決めます。彼は１８８７年にニューヨークで市民権を得て、１８８９年から１８９２年までクラーク大学で人類学を講じています。

ボアズはシカゴの博物館勤務を経て１８９６年にコロンビア大学の講師になり、１８９９年には教授に昇進します。そこでアメリカ初となる人類学の博士課程の設置に力を注ぎました。その後、コロンビア大学を１９３７年に退任するまでの間に、多くの後進を育てます。１９４２年、ボアズは彼の栄誉を称える記念昼食会の席上で「人種に関する新しい理論を考えだし……」と呟き、そのスピーチが終わる前に倒れ、そのまま息を引き取りました。ボアズが倒れ込む瞬間、隣の席から彼を助けようとしたのが、本書3章で取り上げたレヴィ＝ストロースだったと言われています。そう考えると、なんともドラマチックな最期です。

移民研究の始まり

ボアズは研究において、十分な情報が集まるまで安易に物事を理論化することを徹底的に避けました。彼は学生たちに可能な限り多くの民族誌データを集めるように指導します。そしてデータが大量に集積されると、自然と理論が浮かび上がってくるのだと説いたのです。

ボアズは、彼自身に関わる問題でもあった「移民問題」を自然人類学的な観点から研究しました。1908年から1909年にかけて、学生たちといっしょに大規模な調査を実施しています。大学院生のアシスタント13名が週に1200人のペースでデータ収集を行って、2万近いデータの分析に数ヵ月を費やしたこともあったようです。

移民問題をめぐる調査では、移民とその子孫の頭骨の計測が行われました。調査を進める上で用いられたのは、自然人類学で使われる「頭長幅指数（cephalic index）」という概念です。これは、頭を上から見た時の前後の「頭の長さ」と左右の「幅」を指数化したものです。頭の幅／頭の長さ×100で表し、数値が小さいほど「長頭」で、大きくなると「短頭」になります。

ボアズの調査によって、移民の子どもたちの頭長幅指数で示される頭型が、親たちの世代に比べて変化していることが分かりました。そのことは、アメリカに移住して暮らし始めると、短頭のユダヤ人が長頭になり、長頭のシシリー人が短頭になることを示しています。

また、移住後に年数が経ってから生まれた子どものほうが、その変化の幅が大きいことも分かりました。つまり、ユダヤ人とシシリー人は、在米年数が長くなればなるほど頭型が似てくるのです。

どういうことかというと、ヨーロッパからアメリカへの移住後に、頭型が変化しただけではなく、民族ごとに多様な頭型がアメリカでは均一化していく傾向が示されたのです。このことから、ボアズは移住先のアメリカという新しい環境において、身体的な変化が起きたと結論づけました。ボアズは、最も変わりにくいとされる頭型でさえも移住後に変形するならば、その他の形質上の特徴もまた移住後に変わっていくのだと考えました。

広範な調査の結果、ボアズの研究は環境に応じて変容する人間の適応能力の高さを示すものでした。要するに、人間は先天的に身体《からだ》つきが決まっているのではなく、置かれた環境によってどんどん変化する生き物だという事実を明らかにしたのです。これは、人種というのは変わり得ないものだと断定して、ユダヤ人種の根絶を謳うナチス・ドイツに対抗する言説になり得るものでした。

このように、ボアズによって始められたアメリカ人類学は最初から政治的な意味合いを帯びたものだったのです。「イデオロギー性」をめぐる問題が、ボアズの時代からアメリカ人類学に潜在していたと言い換えてもいいでしょう。

人類学のホーリズム

ボアズが学生たちに強調したことのひとつは、あらゆるデータを集積して、社会をひとつのまとまりとしてホリスティック（全体的）に捉えることの重要性でした。このホーリズムはその後、アメリカの人類学における重要な手法となります。

一般的に考えれば、フィールドに入る前に十分な文献研究を行えば、現地調査で焦点を当てるべきトピックもより明確になるはずです。たしかにそうなのですが、事前に細かく調べすぎるのも考えものです。そのせいでフィールドワーカーは自分が調べたいことだけを調べればいいと思うようになってしまうのです。そのようにしてポイントを絞って調査研究を進めれば、特定の課題に関しては掘り下げることはできるでしょう。しかし、調査地の人間の「生」についての理解の深まりに欠ける可能性があります。

言い換えれば、現地で断片的な情報をどんなにたくさん集めても、必ずしも全体への理解が得られることにはならないのです。人類学者は、フィールドに暮らす人々の「生のあり方」を知れば知るほど、現地に入る前に得た知識がいかに不完全で現実から離れたものであるかに気づくのです。ボアズが言いたかったのは、社会をひとつのまとまりとして、ホリスティックに調査を進め、調査地の文化をまるごと理解することの大切さだったのです。

ホリスティックに物事を調べるというこの研究手法は、現代の私たちにとっても役立ちます。何かを知るために特定のトピックのみを調べても、分かることは限られています。それでは狭い範囲でしか分かったことになりません。たとえば、何らかのトピックに関して、ある集団の特性について知りたいと思うなら、その集団が属している社会や文化全体にまで視野を広げてみると、より豊かな見通しが得られることになります。

こうしたホリスティックな研究手法は、アメリカの「総合人類学」のアプローチに合致します。ボアズが提唱したとされる総合人類学の4分野とは、①自然人類学、②考古学、③社会・文化人類学、④言語人類学です。今日でもアメリカ国内で人類学を専攻すると、この4分野を学ぶことが必須とされます。複数の学問の視点を学び、研究に取り入れることで、ホリスティックなアプローチをとることがアメリカの人類学の特徴なのです。

このようなボアズ人類学の基本的な姿勢には、ドイツの哲学者ヴィルヘルム・ディルタイの影響が見られます。ディルタイは、物事の個別事象の理解を目指す「精神科学」という人文学を提唱しました。個別事象を理解するには、それを成り立たせている「歴史性」に注目することが重要だというのが、精神科学の骨子です。

ディルタイを継承したボアズは、個々の文化は様々な歴史の偶然によってつくり出されており、普遍化や一般化をすることは不可能だと考えたのです。それぞれの文化を独立した個別のものとして捉え、各文化の変遷をめいめいに辿っていくボアズのアプローチは、「歴史個別主義」とも呼ばれます。

ボアズは、文化とは環境との関係や移住の経緯、隣接する文化からの借用など、歴史の積み重ねによって形成されるものだと主張しました。ボアズにとって、文化とはひとつのまとまりとして見るべきものであり、文化の要素は他の要素との関係で理解されるべきものだったのです。

文化相対主義とは何か

ボアズによって提唱された人類学の重要なキーワードに、「文化相対主義」があります。文化相対主義とは、すべての文化には価値があり、そのすべてに敬意が払われるべきであるという考え方のことです。それはボアズ以降に、人類学という学問を支える世界観や心構えとして、アメリカを越えて世界に広がっていきました。

厳密に言えば、ボアズ自身が文化相対主義という用語を使ったのではありません。ではなぜ、この考え方がボアズに由来すると言えるのでしょうか？

ボアズが最初に文化相対主義的な考えを打ち出したのは、１８８７年に発表した論文の中だったとされます。そこで彼は「文明とは絶対的な何かではなく、相対的なものである」と述べています。

ボアズは「未開文化」と「文明」を峻別し、文化は未開から文明へ進歩するという考えを手放さなかったため、この文章が文化相対主義の表明であるというのは、やや無理があるかもしれません。しかしボアズの後継者たちは彼のアイデアを踏まえ、文化相対主義の考えを熟成させていったのです。その意味で、文化相対主義の起点はボアズにあったのだと言えるでしょう。

人類学において実際に文化相対主義という用語を使い始めたのは、ボアズ門下のメルヴィル・ハースコヴィッツです（１９４８年の『人間とその作品』において）。ハースコヴィッツはボアズの「文明」相対主義を引き継ぎながら、未開と文明を問わず、あらゆる文化は対等だと主張しました。そして、文化の対等性と非絶対性のことを文化相対主義と位置づけました。

私の文化とあなたの文化が違うことは当たり前。でも、そこに優劣の差はまったくない。この考え方は、いまでこそストンと腑に落ちるものでしょう。しかし、このような概念は第二次世界大戦前においては「常識はずれ」のものだったのです。

第二次世界大戦後、文化相対主義という言葉は一般にも広く用いられるようになります。文化相対主義の考え方はアメリカ人類学の根底に流れる理念として継承され、人類学だけでなく、グローバル化する現代世界においても共有されるようになったのです。前章で取り上げたレヴィ＝ストロースの構造主義とともに、この文化相対主義は人類学が生み出した概念の中でも、特に世界に強い影響を与えたものでした。

「生のあり方」とは

ところで、文化相対主義の「文化」とはいったい何を指すのでしょうか？　1章で触れたタイラーは、人類学においての文化とは「知識、信念、技術、道徳、法律、慣習など、社会の成員としての人間が身につけるあらゆる能力と習慣からなる複合的な全体」と定義しました。これが学術的すぎるのであれば、文化とは ways of life、つまり生活様式や「生のあり方」だと言っても違和感はないでしょう。

むしろアメリカでは、文化と言えばボアズ派の用いる「生のあり方」のほうがしっくりくるのです。実際、今日のアメリカ人類学の教科書では、文化は「ある人々の集団の生のあり方」や「特定の人間社会に特徴的な生のあり方」であるという定義が用いられています。

アメリカの人類学は、自分たちの学問を「文化人類学」と規定しています。その意味で、文化の概念は特に重要なものであり、「生のあり方」こそがアメリカの人類学では研究の対象なのです。

文化を「生のあり方」だと言い始めたのは、ボアズ門下のルース・ベネディクトとマーガレット・ミードでした。１９２０年代後半から１９３０年代前半にかけて、彼女たちは「生のあり方」を取り上げることこそが人類学の目的だと表明しました。

ここでもまた興味深いのは、そのような文化の定義が、アメリカ固有の政治状況に連動しながら確立されていったという点です。アメリカの文化人類学は、常に社会的な背景と連動してきたのです。１９３０年代後半、プラグマティストであるジョン・デューイは共産主義やファシズムに対抗して、民主主義こそが自分たちが守るべき「生のあり方」だと述べています。デューイにとって民主主義とはたんなる政治制度ではなく、生きていくための方法そのものだったのです。アメリカの知識人層に浸透していったデューイの捉え方とあいまって、ベネディクトやミードの「文化は生のあり方である」という考え方が広がったのだと言えるでしょう。

個々の生に意味と目的を与え、その人なりの生き方を肯定する。文化を「生のあり方」と定義すれば、生まれではなく育ちが、人種ではなく文化こそが人間の生き方を規定することになります。

こうした定義は第二次世界大戦前後の世界秩序の中で共産主義やファシズムに対抗し、それらを押し返すために、アメリカの人類学にとって大切なことだったのです。ボアズ以降に培われていったこのような文化観は、文化相対主義とセットとなって、アメリカという超大国を発展させ、維持する上でも重要だったのです。

以下では、ボアズが立ち上げたアメリカの人類学を引き継いで発展させた前述の２人の女性人類学者を取り上げてみたいと思います。

ベネディクトの『文化の型』

１人目は、ベネディクトです。１８８７年にニューヨークで生まれた彼女は１９０９年にヴァッサー大学を卒業し、ニュースクール・フォー・ソーシャル・リサーチで人類学に出合います。１９２１年からコロンビア大学の大学院に入学してボアズに師事し、１９２３年に『北米における守護霊の観念』という論文で博士号を取得しています。

彼女は１９３４年に『文化の型』を出版し、１９３６年にコロンビア大学の助教授に就任します。そして１９４６年には『菊と刀』を刊行し、２年後の１９４８年にコロンビア大学教授に任じられましたが、その２ヵ月後にニューヨークで急死しました。

ルース・ベネディクト（提供：SPL/PPS通信社）

ベネディクトの主著『文化の型』の内容を押さえておきましょう。彼女は『文化の型』で、文化人類学の目的は様々な文化を成り立たせているパターン（型）の探究だと述べています。この本の中で、ベネディクトは３つの文化を比較検討しています。自らがフィールドワークを行ったニューメキシコのズニ（プエブロ）文化、ボアズがフィールドワークを実施したバンクーバー島のクワキウトル文化、イギリスの人類学者レオ・フォーチューンが実地調査をしたメラネシアのドブ島民の文化です。

ズニは儀式ばった人たちで、人を傷つけないことを尊び、太陽や死者を礼賛します。儀礼の手順はとても大切で、間違いがあると目指す結果が得られないとされます。彼女は、平和的で競争心がなく、調和を重視するズニの文化を、ニーチェのギリシア悲劇の二類型の分類に従って「アポロ型」文化と呼んでいます。これは、アポロがギリシア神話において理性の象徴とされていることにちなんでいます。

同じアメリカ先住民でも、荒々しく闘争的なクワキウトルは陶酔を象徴する神ディオニソスの名に由来する「ディオニソス型」だと言います。儀礼の踊り手は深い恍惚に陥り、口から泡を吹き、激しく痙攣します。かつて食人の習慣があって、奴隷の死体を食べる間、聖なる歌を歌い踊ったとされます。

ドブ島では誰もが不貞を働いており、見つかったら、激しい口論が起き、食器が壊されたり、自殺が試みられたり、妖術が仕掛けられたりします。彼らは絶え間ない疑心暗鬼の中で暮らしているのですが、彼らにとってはそれがふつうのことなのです。

穏やかで何事に関しても中庸を保ちたがる「アポロ型」のズニ、自己中心的で人に軽んじられることに敏感な「ディオニソス型」のクワキウトル、疑い深くつねに何かを恐れていて、「パラノイド（偏執症）」なドブ島民。そうしたパターン（型）の中に、ベネディクトはそれぞれの文化を描き出したのです。ベネディクトにとって文化は、その文化の中で生きる人たちのパーソナリティーに見いだすことができるものだったのです。

ここでいう文化のパターンやパーソナリティーとは何を指しているのでしょうか。これは「県民性」についての議論を思い浮かべると、イメージしやすいかもしれません。たとえば青森や岩手県民は引っ込み思案で内向的、大阪府民は商売好きで活動的、鹿児島県民は情熱的で外交的など、「県民性」は日常会話の中でもよく引き合いに出されます。実際、こういったイメージを先行させて、ある県や地域のことを捉える人たちは読者の周囲にもいるのではないでしょうか。

もちろん、この手の話のネタは科学的根拠などまったくありません。当たり前の話ですが、人間はそれぞれ千差万別なので、「県民性」という一言で特定の地域に住む人々を特徴づけることなどできません。実際、このように文化をパターンとして捉えるベネディクトに対しては、デフォルメされているとか、主張に合致しないデータが捨象されているといった批判が出されました。「県民性」同様、「アメリカ人」という同じ括りにいるからといって、全員が同じ性格ではないはずです。また、この論法はなぜそれぞれの民族や集団が特定の型の文化を持つのか、その因果関係を説明しきれないという弱点もあります。

たしかに、特定の共同体にいる人々を特定の型にはめこむベネディクトの主張には危うさもあります。しかし、学説としては完璧ではないにしても、彼女の主張には当時の社会が見落としていた重要なポイントがありました。それが、それぞれの文化には固有のパターンがあり、そこに優劣はないとする点です。彼女の説には、それまでの人類学にはない新規性がありました。その意味で、ベネディクトの主張は文化相対主義の極致をなすものと言うことができるでしょう。

『菊と刀』

もう一冊、ベネディクトの著作『菊と刀』を取り上げてみましょう。この本のタイトルを聞いたことがある人も多いかもしれません。日本国内では日本研究の書としてよく知られています。

ベネディクトは日本を一度も訪れないままこの本を書いたのですが、だからといって彼女がフィールドワーカーでなかったわけではありません。ベネディクトは1922年にセラノ、1924年にズニ、翌年にズニとコチティ、1927年にピマのフィールドワークを行い、1931年以降には学生とともに、アパッチやブラックフットという、数々のネイティブ・アメリカンの現地調査を行っています。彼女も師であるボアズの考えを引き継いで、急速に失われゆくネイティブ・アメリカンの伝統文化の記録を残すべきだと考えていたのです。

ベネディクトは第二次世界大戦が始まると、アメリカ軍の戦時情報局に召集されます。1944年に日本研究の仕事を委嘱され、その時まとめられた報告書をもとにして、戦後の1946年に『菊と刀』を出版しています。

彼女は『菊と刀』の第1章で、現地に行かないで日本研究を行うことに関して、アメリカには日本で育った日本人がたくさんいて聞き取りが可能であり、また過去に蓄積された日本研究の厖大な資料を参照することができる状況だったと述べています。

この著作に関しては、日本人がどんな国民であるのかを解明してほしいという依頼をアメリカ軍から引き受けた点で、人類学が戦争協力に与したという指摘があります。たしかにそうなのでしょうが、事情はもう少し複雑かもしれません。

それはアメリカという特有の政治状況の中で、人類学が発展してきた事実にも関わっています。すでに述べたように、アメリカ人類学はファシズムや共産主義思想に対抗し、民主主義を守るための理想を追求するという観点から発展を遂げていきました。そうした政治状況の中で『菊と刀』は書かれたのです。

『菊と刀』は、日本の「恥の文化」と欧米の「罪の文化」を対比的に語っている本であると評されます。ベネディクトは、欧米の「罪の文化」は、善悪の絶対的基準を用いて良心の啓発を説く、キリスト教をベースにしていると見ます。その観点から、人々は神の視点を内面化し、罪の意識という強制力によって自己を律し、善行に勤《いそ》しむのです。

それに対して「恥の文化」では、善悪の絶対的基準となるものがありません。「恥の文化」にいる人々は、「世間の目」によって自分の行動を決めると言います。要するに、人からどう見られているかを基準にして生活を送っているのです。他人からの批評という外面的な強制力に基づいて日常の振る舞いが決められるのです。

日本人は、恥辱感を原動力としています。世間の目を気にしながら、恥をかかないように自己を抑制するのです。ベネディクトはそこから論を進めて、日本人たちは、恥をかくことがないように自分で自分を監視するために、「無我」の境地や「死んだつもりになって生きる」ことを理想としているのだと、とてもユニークな解釈を提示しています。

こうした分析の根底にあるのは、文化相対主義的な視点です。彼女は欧米の文化と日本の文化、「罪の文化」と「恥の文化」には優劣はないという前提から持論を展開しています。

ただ、『菊と刀』最終章の「降伏後の日本人」でベネディクトが述べていることは、文化相対主義と矛盾するかもしれません。ベネディクトは、アメリカの民主主義の理念である個人主義や契約の概念に合致しない非民主的な制度や慣習は廃止しなければならないと断じています。そして文化は学習可能だとするボアズ以来の見方に沿って、日本はアメリカの民主主義的な国家に生まれ変わらなければならないと唱えるのです。つまり、アメリカの民主主義という方便に、文化相対主義が無残にも組み込まれてしまっているのです。「生のあり方」を探究するアメリカの人類学はここへ来て、現実への提言をする中で、大きな困難を抱え込んでしまったのだと言えるのかも知れません。

ミードが目指したもの

マーガレット・ミード（提供：Alamy/PPS通信社）

もう一人、ミードを取り上げます。ミードは1901年にフィラデルフィアで生まれました。デポー大学から1920年にバーナード大学に転校し、心理学を学んで1923年に卒業しています。その後、コロンビア大学大学院に進学し、ボアズの指導のもと、1924年に修士号を取得しています。

ミードはその翌年1925年に、南太平洋にある米領サモア島のフィールドワークに出かけました。十分な準備をしたとは言えず、サモア語も十分にできなかったのですが、9ヵ月間のサモア島滞在を経て、1928年に

『サモアの思春期』を出版しています。

彼女はフィールドワークをつうじて、サモア島には欧米社会で一般に見られる「思春期」が見られないことを発見したと主張します。『サモアの思春期』の中で、ミードはサモア人には思春期の性的な葛藤がなく、人々はおおらかな性を営んでいると書いています。ミードはその後、メラネシアのマヌス島で調査を行い、ニューギニア島でも3つの社会を取り上げて比較研究を進めました。1935年に『3つの未開社会における性と気質』と題する本を出版しています。取り上げたのは農耕民アラペシュ、ムンドゥグモール、漁業や交易の民チャンブリです。

アラペシュは栽培・養育を重視し、子どもを大切に育て、協調性を重んじていて、男性も女性も「女性的」な気質を持っています。他方、ムンドゥグモールは首狩りを行い、子どもを邪険に扱い、男性も女性も好戦的な気質を有しているのです。それに対してチャンブリでは、女性が漁業や交易などの生業を取り仕切っており、女性が能動的で、男性は受動的だと言います。20世紀初頭の同時代のアメリカと比べながら、ミードはチャンブリでは、女性が「男性的」で、男性が「女性的」だと主張したのです。

これは、ベネディクトが『文化の型』で採用した研究手法に似ていますね。それもそのはず、彼女たちはボアズの姉妹弟子なのです。これらの3つの社会を比較して、ミードは生得的に「男らしさ」「女らしさ」が決まっているのではなく、後天的に「生のあり方」を身につけることによって、それらが決まってくるのだと主張します。

その後、ミードは1949年に、それまでの研究の集大成ともいうべき『男性と女性』を出版します。その本の中で、彼女が調査した7つの社会の研究に基づいて、人が「男」となり、「女」となっていく多様な過程を検証しています。そして戦間期のアメリカを視野に入れながら、「男とは何か、女とは何か」について論じています。

南洋の諸社会では、女性は子どもを産むことで満足感を得ます。男性には、そのように生まれながらにして与えられた役割はありません。男性は、出産以外の事柄で女性を凌ぐ必要があると考えられてきたのです。

こうした南洋の諸社会に対置させられるのがアメリカです。アメリカは未来志向的で、過去の伝統や経験は役に立たず、成長、恋愛、結婚、子づくり、子育ての理想像は、映画や広告や教育から得られるのだと言います。

ミードの研究が同時代のアメリカとの比較検討を志向していたことから察すると、彼女の記述分析は、当時のアメリカにおける政治社会状況を意識した上でなされたものだったと言えるでしょう。文化によって男性らしさや女性らしさが決定されるという主張は、ヨーロッパ的な伝統的価値から自由でありたいと願う、当時のアメリカ社会の状況に連動していたのです。ミードの問題意識は、人類学の「文化とパーソナリティー」という課題だけにとどまらず、アメリカが抱える現実的な課題へと広がっていきます。ミードは、女性向け大衆誌『レッドブック』で人生相談に応じ、性の問題や教育、宗教などあらゆる問題への助言を行って、国民に対して大きな影響を与えました。また原子爆弾投下による人類破滅の危機を重く受け止めて、第二次世界大戦後になると様々な会議を組織したり、政治的な働きかけをしたりするために世界を駆け巡ったのです。

ミードの死後に起きた論争

ミードは1978年に死去しますが、それから5年後、オーストラリアの人類学者であるデレク・フリーマンが『マーガレット・ミードとサモア』(木村洋二訳、みすず書房、1995年)を出版し、突如としてミードの研究を批判しました。当時、この研究はアメリカの人類学に大きな波紋を広げました。

フリーマンは、サモアの若者が性に対して寛容だというミードの主張は完全な誤りだと断じたのです。その根拠となったのが、ミードが当時インフォーマント(情報提供者)として重視していた女性へのインタヴューです。フリーマンはそのインフォーマントを見つけ出して話を聞くことで、「真相」を暴き出したのです。そのインフォーマントはインタヴューの中で、当時ミードに対して作り話をし、それを彼女に信じ込ませたのだという驚きの告白をしています。つまり、ミードはインフォーマントによる嘘に踊らされ、その言葉を鵜呑みにしてしまったと言うのです。

フリーマンの説は、賛成派と反対派に二分する論争を引き起こしました。ミードはアメリカで最も尊敬される人類学者だったこともあり、アメリカ人類学会は、フリーマンの著書を「分かりづらく、非科学的であり、無責任で、ミスリーディングである」と反論しています。アメリカ議会図書館に保存されているミードのメモを調べて、ミードは騙されたのだというフリーマンの批判は不正確である、という意見も出されました。

それを受けてフリーマンはミードのサモアにおける日記や未公開の資料を調べ上げて、1998年に『マーガレット・ミードの致命的な悪ふざけ』(未邦訳)を出版します。そこでは、ミードがよく確かめることなくサモアの少女の言った冗談を信じ込んでしまったのだと主張します。まさに泥沼の論争です。

この争いは結局、決着がつきませんでした。ですが、私たちにはこの論争から学ぶべきことがあります。そもそも、フィールドにおける真実というのは、いったいどこにあるのでしょうか。何が真実で何が嘘であるかという判断は、どのようになされるべきなのでしょうか。嘘や冗談を見極めて人類学者が真実に接近するためには、いったいどんなことをしなければならないのでしょうか。フィールドにおいて何が「真」で何が「偽」なのか。フィールドワークを踏まえて「人間とは何か」という問題に取り組んできた人類学にとって、それは現代、そして将来にわたって取り組むべき「終わりなき問い」のようなものです。

ボアズ以降のアメリカの人類学

さて、最後にボアズ以降のアメリカの人類学の発展を振り返りながら、20世紀後半までのアメリカ人類学の流れを辿りましょう。

19世紀末から20世紀初頭におけるアメリカ人類学の勃興期には、国内に略奪と抑圧に苦しんでいるネイティブ・アメリカンがいました。その事実に向き合おうとした人類学者たちはネイティブ・アメリカンたちの古い暮らしや伝統が消えてしまう前に、それらを記録にとどめておくように努めたのです。

考古学や自然人類学、言語人類学、社会・文化人類学を学んだ上でネイティブ・アメリカンの「生のあり方」を知ろうとすることは、アメリカにおいては必然だったのです。アメリカの人類学のホリスティックな視点は、アメリカ国内の移民や黒人問題に向けられるだけでなく、地球上の様々な土地を調査する研究者たちに継承されていきました。

1870年代後半に人口が5000万人を超えたアメリカは、その後も移民が増え続けました。1892年には、ニューヨークに移民のための入国管理事務所が設けられています。それ以降も移民を受け入れ続けて、1960年代後半には人口2億人を突破しています（2020年現在では、3億3000万人）。

人口の急激な増加と大学の増加に伴って、全国に人類学科が創設され、人類学者の雇用機会が増えました。人類学者や人類学を専攻する学生たちはどんどん新しい問題に取り組むようになり、新しい手法を用いて、この学問を切り拓いていったのです。

こうした気風は、アメリカにおける人類学のバラエティーを生み出す機動力となりました。1940年代後半から1960年代前半にかけては、ボアズ派を継承したベネディクトやミードらによる「文化とパーソナリティー」論を経て、心理人類学が盛んとなります。

一方、文化相対主義になじめなかった「反ボアズ」の流れの中で、地域や集団を超えて、地球規模で人類学の研究を進めるべきだとする考え方が現れました。レスリー・ホワイトとその学生だったエルマン・サーヴィスやマーシャル・サーリンズらは、人口増加と技術発展と社会統合を合わせて、「新進化主義」を主導しました。彼らは、歴史の再構成ではなく、文化の多様性を理解するために進化論を用いたのです。ホワイトは文化進化の目安は、年間一人当たりのエネルギー使用量だと考えました。ジュリアン・スチュワードは、エネルギー量が同じでも、技術環境によって文化は多系的に進化すると論じました。サーヴィスは、バンド、部族、首長制社会、「未開」国家の社会文化の進化段階を設定しました（サーヴィス『民族の世界』増田義郎監修、講談社学術文庫、1991年）。

1960年代後半から1980年代前半にかけて、アメリカの人類学はさらに分岐しながら広がっていきます。マーヴィン・ハリスは、「反ボアズ」の流れに与しながら、人口増加と生産性が社会構造や文化とどのように関わるのかという観点から「文化唯物論」を唱えます。レヴィ＝ストロースは、トーテムに選ばれた動物は「考えるのに適している」からだと主張しました。その言い回しを捩《もじ》ってつくられた、ハリスの「食べるのに適している」という考え方は、人間の文化が唯物的な条件に規定されている立場を表しています（ハリス『食と文化の謎』板橋作美訳、岩波現代文庫、2001年）。

イギリスからアメリカに移り、儀礼と象徴をめぐる研究を発表したヴィクター・ターナーや、アメリカ人の親族組織をひとつの象徴体系と捉えたデヴィッド・シュナイダーらによって「象徴人類学」が発展しました。さらにクリフォード・ギアーツは、宗教を象徴の体系と捉えたことで象徴人類学者として知られていますが、彼によって唱えられたのが「解釈人類学」です（ギアーツ『文化の解釈学』［Ⅰ］［Ⅱ］吉田禎吾・柳川啓一・中牧弘允・板橋作美訳、岩波現代選書、1987年）。

このように、アメリカの人類学は、多彩な人類学へと分岐していきました。しかしいくら分化・分岐したとしても、その基盤にあるのは、ホリスティックな観点から「生のあり方」の研究を進めるという、ボアズ以来の総合人類学の「伝統」です。

アメリカの人類学が発展した20世紀前半から後半にかけての時期はまた、少数者集団や被抑圧者集団に対する知識人や思想家たちの関心が集まった時期でもあったのです。国内および地球上の人間をめぐる課題に積極的に取り組む中で、アメリカの人類学は独自の発展を遂げたのです。

5章　インゴルド――「生の流転」

「生きている」を人類学の主題にする

本章では、現代の人類学をテーマに据えます。主人公は、70代半ばになった今でも現役として後進に影響を及ぼし続けているティム・インゴルドです。彼はそれまでの学者とはまったく違うアプローチで人類学を推し進めた開拓者と言えます。

インゴルドが世に知られるようになったのは、20世紀末からです。彼は若い頃から「自然」と「社会」を切り分けて考える近代西洋の二元論的な思考法に違和感を抱き、それを乗り越える方法を探ってきました。その思索の果てに、人間を「生物社会的存在（biosocial beings）」だと捉える考えに辿り着きました。生物社会的存在という言葉をはじめて耳にした人も多いでしょう。これはつまり、人間はつねに生物学的で動物的な存在であり、同時に社会的関係の中を生きている存在でもあるということです。そのどちらが欠けても、人間の本来のあり方とは言えない、というのがインゴルドの主張です。

インゴルド人類学のテーマは、一言で言えば、（動詞の）「生きている」です。彼に言わせれば、「生」というのは固定された不動のものではありません。絶えず動き続けて生成と消滅を繰り返し、変化するものなのです。固定化された名詞的な「生」ではなく、流動的で動詞的な「生きている」状態、「生の流転」に目を向けるのがインゴルドの人類学です。

生きている、というのはすでにゴールの決まっているプロセスを歩むことではありません。むしろ、行き先が未定で、宙に投げだされたかのような状態で変容していくプロセスに他なりません。インゴルドにとって「生きている」とは、人とモノ、人と環境が持続し、瓦解するプロセスを進んでいく中で開かれる現実なのです。

インゴルドは、人類学は、あらゆるものが「生きている」さまを生け捕りにする研究＝実践だと考えます。そうすることで、世界に耳を澄まし、世界について学びながら、未来に向かって生きていくための人類学を切り拓いたのです。型にとらわれない、このダイナミックな思索こそがインゴルド人類学の魅力です。

ティム・インゴルド（本人HPより転載）

菌類学者の父

インゴルドは1948年にイギリスのバークシャー州レディングに生まれています。父親は著名な菌類学者のセシル・テレンス・インゴルド（1905—2010）です。彼は英国菌類学会の会長を務め、第1回の菌類学者による国際会議を主催した学者です。水生菌類の一群には、彼の名を取って「インゴルディアン菌（Ingoldian fungi）」という学名がついています。ティムの8歳年上の姉には、都市計画家で、ニューカッスル大学名誉教授のパッツィー・ヒーリー（1940—）がいます。

インゴルドは、父親から学問上の強い影響を受けたと振り返っています。父親は菌類を愛していて、自然の美しさに惚れ込んでいました。その姿を間近で見ていたインゴルドは、学者とは研究する対象に対して、強い愛着を抱くものなのだと感じたといいます。

他にも父親から学んだこととしてインゴルドが語っていることがあります。1930年代までは、菌類学者は瓶の中に詰められたものを研究室で調べていたのですが、彼の父は植物や菌類を実地で観察し、野外調査の重要性を訴えたのです。インゴルドは、そうした現場重視の菌類学者である父親の影響を受けて、フィールドワークを中心に置く人類学に進むことになったと語っています。現場を重視する姿勢は、文献だけでは研究に限界があると感じてフィールドワークに飛び出したマリノフスキとも共通していますね。

インゴルドはまた、菌類学の学問的立場にも影響を受けたようです。そもそも植物学というのは、光合成によって自ら栄養を生み出す植物を中心に組み立てられています。菌類は、動植物の死骸を分解するという奇妙な活動をするために、植物学では長らく厄介者扱いされてきました。菌類学者は植物学の主流からすれば、異端な考え方をする人たちなのです。

インゴルドは菌類学が植物学に対して行う批判は、人類学が社会科学に対して行う批判に似ていると考えています。彼は、人間を明確な境界を持った存在として捉える社会科学者に対して、否を突きつけます。人間には、自分とそれ以外を隔てる境界線などないのです。すべての人は諸関係のメッシュであり、どこまでも続く「線（ライン）」からできていると考えるのが人類学だというのです。

１９９０年代になると、インゴルドは父が菌糸を描いたように、人類学も人間をメッシュ状の線として捉えてみるべきだと考え、「菌類人間（mycelial person）」という造語を思いついています。インゴルドは、「小さな塊（ブロブ）」としての原核細胞と、細くたなびくような線（ライン）状の鞭毛《べんもう》を合わせ持つバクテリアから出発して、独自の人類学を構想するようになったのです。

人類学への道

インゴルドがケンブリッジ大学に入学したのは、１９６６年のことです。それはちょうどベトナム戦争が泥沼化していた時期にあたります。

１９５４年、アメリカが南ベトナムへの財政・軍事的支援を行ったのをきっかけとして、南ベトナム解放民族戦線がゲリラ戦を開始しました。1964年、北ベトナム軍の哨戒艇が米軍の駆逐艦に魚雷を発射したトンキン湾事件を経て、アメリカは兵力を増強し、戦局は混迷の度合いを深めたのです。

そんな時代に大学に入学したインゴルドは著名な菌類学者の息子として、将来は科学者になるだろうと思われていました。しかし入学以降、インゴルドは科学に対して懐疑心を抱き始めます。その時代は、科学が人々の同意に基づいて平和的に開発されるべきだとする民主的原理から離れていった時期にあたります。科学はまた産業軍事力の巨大機構に従属していたのです。そうした状況に対して多くの学生たちが憤慨したのに、インゴルドも同調しました。インゴルドは科学研究が悪用されていく現実に対して、科学の学会組織が何の責任も果たさないことにも立腹したと述懐しています。

さらにインゴルドを苛立たせたのは、「科学には解決できない問題など何もない」という科学者たちの態度でした。放射能によって健康を害した人間がいるにもかかわらず、その被害さえも科学によって克服できると信じる彼らの傲慢さに、インゴルドは嫌気がさしたようです。

そのような科学研究の対極にいたのが、人文学の研究者たちでした。しかしインゴルドには、彼らも彼らで独りよがりであるように見えました。図書館や保管された資料の中に頭をうずめたままで、現代の人間の条件を脅かす火急の問題に対応することができていないように思えたのです。

それと同時にインゴルドは、このままでは自然科学と人文学は互いに打ち解けられないと感じていました。当時、自然科学者と人文学者は、ほとんど言葉を交わしませんでした。「お前たちに俺たちの世界が分かるはずがない」と、お互いが接触を持とうとしなかったのです。インゴルドはその分断こそ、西洋の知の歴史の大いなる悲劇であると確信しました。彼はこうした違和感を出発点にして、この2つの伝統を統合した学問を探し始めたのです。自然科学と人文学をどのように一体化させるか。それはインゴルドにとって、自身の研究を貫通する重要な問題意識になります。

そんなことを考えるようになった大学一年生の終わりの頃に、シェリー酒を飲みながらチューターと面談した際に、人類学を専攻するのはどうかと勧められたと言います。インゴルドはチューターの話を聞くうちに、これこそ彼が探していた学問だと思うようになり、人類学の道に足を踏み入れたのです。

フィンランドでのフィールドワーク

インゴルドはケンブリッジ大学院に入って以降、次第に「愛」や「友情」などの非物質的要素を含め、社会的な交換を人間の根源的行為であると考えるフレデリック・バルトの「トランザクショナリズム」に惹かれていきます。フィールドワークに出かける前に彼は、バルトのいたノルウェーのベルゲン大学に籍を置いています。その後、1970年から1973年にかけての16ヵ月間にわたって、フィンランド北東部のスコルト・サーミでフィールドワークを行いました。

インゴルドのスコルト・サーミでのフィールドワークの成果は1976年に博士論文としてまとめられ、同年に『スコルト・ラップ人の現在』として出版されています。トナカイ狩猟・漁撈《ぎょろう》の民サーミは、12世紀以降に異なった言語・文化的集団に分化しました。1939年から1940年にかけてのソ連・フィンランドの戦争と第二次世界大戦を経て、サーミの中でもスコルト・サーミだけがフィンランドに残留して、トナカイ飼育、漁撈および賃労働で暮らしていたのです。

『スコルト・ラップ人の現在』の第1部「生計の調達」では、フィンランドの開発や近代化によって、トナカイの管理が劇的な変化にさらされ、それがスコルト・サーミの暮らしに影響を及ぼしているさまが描かれています。第2部「再移住の社会的諸関係」では、共同体内部の社会関係や近隣の人々との関係が取り上げられています。第3部「マイノリティ文化」では、かつての族長が民族と国家との仲介役となってスコルト・サーミの文化的独自性を持続化させる動きが、彼らの経済的な発展の障害となっているという見方が示されています。

インゴルドはこうした20代前半のフィールドワークによって自分がどんな人間なのかを知り、環境への考え方を整理できたと振り返っています。スコルト・サーミの研究を踏まえて、その後１９８０年に『狩猟者、牧畜民、牧場主たち』を出版します。その本では、北方亜寒帯森林とツンドラ地域における狩猟と牧畜の奇妙な併存に焦点を当てています。

インゴルドは現地の人々が、狩猟したトナカイを飼育し、それを囮《おとり》にしながら野生動物をおびき寄せて狩る活動に注目しています。飼育されたトナカイには所有権が発生し、牧畜への移行が始まります。すると、トナカイの群れの安全を脅かす自然災害などに対処するために、群れを拡大しなければならなくなります。群れはその後どんどん大きくなり、今度は手に負えなくなった群れを管理するための仕組みを導入するようになります。この著書でインゴルドは、生態学を縦横に活用しながら、理論的な課題に挑んでいます。

マンチェスター時代、その前半

インゴルドは着任したマンチェスター大学で、１９７４年から「環境とテクノロジー」と題する講座を担当し始めます。彼は中国史家のカール・ウィットフォーゲルの仮説をその講座の基礎に据えました。ウィットフォーゲルは、インドと中国の古代帝国は灌漑農業の設備と維持のために大量の労働力を投下しなければならなくなり、高度に中央集権化された体制がつくられたのだと論じました。この時からインゴルドは自然環境と人間の政治経済、あるいは「自然」と「社会」をめぐる考察へと踏み出したのです。

それ以降、インゴルドは1980年代にかけて、「自然」と「社会」をめぐるテーマを追いかけます。それはまた、彼が人類学を専攻しようと思った時に抱えていた問い、すなわち自然科学と人文学との間に広がるギャップをいかに埋めるか、という問題意識にも直結していました。

どうしたら自然科学と人文学をうまく統合できるのか。この問いについて、インゴルドは1986年に出版した『進化と社会的な生』と『自然の占有』の中で考察しています。

彼は男が狩りに出かけて獲物を持ち帰るという行動から、「社会」と「自然」の関係を探ろうとしました。ある共同体の中で男が狩りをする場合、そこにはまず「共同体における男性の役割」という視点が生まれます。これは人間の社会的な側面です。また一方で、狩りは獲物との命を懸けたやりとりに他なりません。その意味では、男性は「ハンターと獲物の関係」という、自然の文脈に置かれることになります。つまり、狩りという行動ひとつとっても、「社会」的な側面と「自然」的な側面が入り組んで表れるのです。

ふつう、男女分業を含めた社会的役割を扱う前者を理解するには「社会人類学」、狩猟者と獲物の関係を扱う後者を理解するには「動物生態学」が必要だとされます。しかしそれでは、人文学である社会人類学と自然科学である動物生態学が並行して存在するだけで、共に交わり合うことはありません。このままでは結局、自然科学と人文学は断絶したままだとも言えます。

インゴルドはこの時点ではまだ明確な答えが出せず、どうすれば自然科学と人文学を統合できるのか、悩み続けます。

1988年4月のある朝、バスに乗る時に

そのうちインゴルドは、人間とは有機体（生命を持っている個体。つまり生物）であり、それと同時に社会的な存在でもあるのだと考え始めました。助けになったのは、ジェームズ・ギブソンの生態心理学でした。インゴルドは特に1979年に出版された『生態学的視覚論』に影響を受けたといいます。

ギブソン以前の心理学では、人は頭の中で感覚的に世界を思い描くことによって、周囲の環境を知覚しているのだと考えられていました。人は光や音、皮膚に感じる圧力をキャッチして、それらを頭の中で知覚として組み立て、それに続く行動の指針にしているとい

う考えです。その考えによれば、心とはデジタル・コンピュータに似たデータ処理装置になるでしょう。ギブソン以前の心理学者は一般に、そのデータ処理装置がどのように働いているのかを解明しようとしたのです。

しかしギブソンのアプローチは、それとは大きく異なっていました。ギブソンにとって、感覚は知覚の原因ではなかったのです。

たしかに、人は氷に触れたら冷たい、熱湯に触れたら熱いと感じます。つまり、感覚（この場合、触覚）が知覚の原因になっていると言えます。ですが一方で、触らなくても氷が冷たい、熱湯が熱いということを、私たちはすでに経験から知っています。そうすると、感覚は知覚の原因になっているとは言えなくなります。触れたり、見たりした時に感じるものと、周囲の環境を知覚することとは、はっきりと切り分けられないのです。

そのように考えれば、知覚は必ずしも感覚によって生じるものであるとは言えなくなります。ギブソンは、知覚は、周囲の環境のまっただ中において、有機体が達するものだと考えました。言い換えれば、知覚する者が環境の中に没入することによって構築される感覚経路のネットワークのうちに、知覚はすでに内在しているのです。感覚と知覚は、最初から一体化しているのです。

長い間、「自然」と「社会」の二項対立に悩み続けてきたインゴルドは、感覚と知覚を対立的なものとして捉えないギブソンの心理学を知ることで、ようやく突破口を見いだすことができたといいます。そして1988年4月のある土曜日の朝、バスに乗ろうとした時に、突然、有機体と人は一体なのだというアイデアが閃いたのです。『人類学とは何か』の中でインゴルドは、「あの日を境に、私はその時まで自分が主張してきたことすべてが、救いがたいほど間違っていたと思えるようになったのである」とまで述べています。

生物物理学的な要素と社会文化的な要素を別々に理解するのではなく、生きている現実をまるごと受け止めて人間を捉えることが重要なのです。インゴルドはそのために、物事を異なるレイヤーに切り分けて語ることから脱却しなければならないと考えました。

こうした検討を踏まえて、人間とは生物学的な個人でもあれば、社会的な個人でもあり、その2つがひとつになった生物社会的存在だという考えを打ち出すようになります。これは、後のインゴルドの思索を牽引する重要な出発点となり、その意味で、人類学にとっても大きなパラダイム転換への足がかりとなりました。そのことを『人類学とは何か』の中で、以下のように述べています。

遺伝子と社会の産物であるからではなく、生きていて息をする生きものとして、自らや互いをつくるからである。彼らは、二つのものではなく、一つなのである。(インゴルド

『人類学とは何か』奥野克巳・宮崎幸子訳、亜紀書房、2020年、116頁）

彼らとは人間のことです。インゴルドはこう述べて、人間は生物社会的存在だと宣言しました。人間は生まれて成長し、年老いて死を迎える「生物的存在」であるのと同時に、言語を身につけ、それぞれの文化の中で社会的関係を結んで暮らす「社会的存在」でもあり、その両方が分かちがたく進行する存在に他ならないのです。それがまさに、私たち自身のことなのです。

私たちは生まれてから幼少期を経て大人になり、やがて老境にさしかかります。これは私たちの生物的存在の側面です。同時に、私たちは成長する過程で母国語を身につけ、学校に入り、社会人となり、父や母になります。これは社会的存在の側面です。このように、人間は誰でも生物的存在であり、社会的存在でもあるのです。私たちが持つこの「2つの側面」は、決して切り離すことはできないのです。

100歳を越えて長生きした菌類学者だったインゴルドの父は晩年、生まれた時は四本の足で這いまわり、やがて二足で歩くようになり、足腰が弱くなって杖をついて三本足になり、最後は、歩行器に頼って六本足の昆虫のようになったと自分のことを語ったと言います。インゴルドによれば、そのような運動能力の変化は、父の身体に刻み付けられていたわけではなく、日々の行動やトレーニングなどをつうじて、年齢とともに生じてきたものなのです。個体発生と身体性、人体の発達と技能の習得は、生体の成長と文化的な条件づけという2つのものではなく、ひとつのものなのです。私たちは生物的存在でもあり、同時に、社会的存在でもあるのです。

マンチェスター時代、その後半

1990年代半ば、マンチェスター大学の人類学の博士課程には建築や美術のバックグラウンドを持つ学生がいたようです。インゴルドは彼らとともに小さなグループをつくって、非公式なセミナーを開きました。インゴルドはそのセミナーがマンネリ化しないために、なにか実践的な講義をしなければならないと考えていました。それは後にマンチェスター大学からアバディーン大学に異動して以降の研究実践活動につながっていきます。

1980年代末から1990年代にかけては、精力的にシンポジウムや討論会を開催して、それらの記録を出版したり、人類学の事典を編纂したりしていた時期にあたります。そのひとつが、インゴルドがイギリスの社会人類学者や関連の研究者に呼びかけて、1988年から1993年にかけて毎年開催された、人類学の重要課題に関する一連の討論会です。それは後に『人類学におけるキイ・ディベート』（1996年）として出版されています。

討論は、毎回ひとつの命題に対して、賛成派2名と反対派2名に分かれて論戦を行うもので、聴衆に開いてディスカッションをし、最終的には賛否の投票をするという形式で行われました。1988年「社会人類学は一般化する科学か、あるいは何ものでもないのか」、1989年「社会という概念は理論的に時代遅れである」、1990年「人間の世界は文化的に構築されている」、1991年「言語は文化の本質である」、1992年「過去とは外国のことである」、1993年「美学とは文化を跨ぐカテゴリーである」というのが、それぞれの年のテーマでした。人類学においてそれまでに様々なかたちで議論されてきたテーマが、1980年代末から1990年代初頭にかけて粘り強く取り上げられているのは興味深いことです。

1990年3月にはポルトガルのカスカイスで、学際的シンポジウム「道具、言語および知性：進化的な含意」が開催されています。そこで口頭発表された人類学、生物学、考古学、心理学、神経学、倫理学などの研究者たちの論考は、後に『人類進化における道具、言語および認知』（1993年）としてまとめられています。その本の主題は、動物のどの種よりも複雑な道具をつくり、使い、より複雑な方法でコミュニケーションをとり、より複雑な社会生活を営む生物として人類がどのように進化してきたのかという点にありました。

この時期のインゴルドのもうひとつの大きな仕事は、1100頁強に及ぶ『人類学コンパニオン百科事典』(2002年)の編集です。彼の関心は、無数の文化や社会を総合的に探究するという、かつての人類学の重要なテーマをもう一度呼び起こすことだったのです。

第1部「人間性」では、言語や道具の進化、生業形態、食、人口問題、病気などが取り上げられています。第2部「文化」では、動物、象徴、人工物、技術、環境、時間、文字、宗教、儀礼、芸術、政治など、第3部「社会的な生」では、人間と動物の社会性、規則、セックスとジェンダー、社会化、言語使用、仕事、交換、政治、法、暴力、国家などのトピックが扱われています。自然科学から人文学を横断する、網羅的なトピックの並びの中に、インゴルドの人類学の特徴がよく表れています。

アバディーン大学の「4つのA」

1999年にスコットランドのアバディーン大学に移ったインゴルドのミッションのひとつは、まったくゼロの状態から人類学プログラムと人類学科を立ち上げることでした。インゴルドはマンチェスター大学で開始していたプロジェクトを継続しながら、それを進展させるために、「4つのA」と名づけられたコースを新設しました。「4つのA」とは、人類学（Anthropology）、考古学（Archaeology）、アート（Art）、建築（Architecture）という4つの学問領域のことです。

インゴルドは、アートは私たちの感覚を呼び覚まし、知識を成長させてくれるものだと考えたのです。また、これまで人類学は、建築を視覚文化や物質文化の一部として扱う傾向にありました。しかしインゴルドにとっては、建築とは力とエネルギーの流動の関係をより深く考察し、人類学的な思索を深めるために欠かせない領域なのです。

人類学とアート、建築の議論を深化させていくために、インゴルドはもうひとつのAである考古学を新たに加えています。それで「4つのA」になったわけです。

考古学もまたこれまでは、発掘された人工物や古代の建築物の図面という、結果のみで評価される傾向がありました。しかし考古学は、発掘人の熟練した手つきによって行われる、生き生きとした素材とのやり取りの中から生み出されるのだとインゴルドは主張します。発掘とは、変化しやすい環境の中で、視覚的・触覚的な手がかりに対して当意即妙に反応することなのです。

インゴルドはこのようにして出揃った「4つのA」の理念に基づいて学部のコースを立ち上げました。著作『メイキング』の中で、そのコースの狙いは、観察を通して考察を深めることにあったと述べています。「理論家（theorist）」ではなく、「職人（craftsman）」の態度を、そのコースの中に組み入れたのです。

前者が考えることを通してつくる者であり、後者はつくることを通して考える者だという意味である。理論家は、物質的世界の実体を思考の形式にあてはめることで、ようやく頭のなかで考えを組み立てる。対照的に、職人の方法は、周囲の人や事物との実践的で観察に基づいた結びつきから、知識が育まれることを許容する。(インゴルド『メイキング 人類学・考古学・芸術・建築』金子遊・水野友美子・小林耕二訳、左右社、2017年、26頁)

このコースの学生たちは、職人のようにモノをつくることを通して「考える姿勢」を養い、新たな知識が生まれる瞬間を体験するのです。インゴルドは周囲の人や事物との関係の中に踏み込んでいくことを「探求の技術(art of inquiry)」と呼んでいます。

柳の籠をつくる授業

「4つのA」のコースでは、インゴルドが学生たちと砂でできた半島に出かけて、柳から籠を編む実習をしたことがありました。

まずは長い柳の枝を地面に垂直に突き刺して、枠をつくります。そしてだいたいの輪郭を象《かたど》るために、それが籠の天辺《てっぺん》になるように結び合わせます。

準備が整うと垂直の枠に対して水平の枠を入れたり出したりして、交互に編んでいきます。この時、柳ははね返ったり、編み手の顔を叩いたりすることがあるのですが、編み手の学生たちは、それを抑え込まねばなりません。柳の枝は、強制的に曲げられることに反発します。その時に生じた抵抗こそが籠の構造を保つために役立つのです。

そして地面に膝をついて編んでいく時には、全身の筋肉に負担がかかります。膝を立てて編む段階になると、籠の寸法は、編み手の手が届く長さや背丈の高さによって決まります。

形状をつくり出すのには、人間以外の力である風が大きく関係します。海沿いの砂場では、絶え間なく強風が吹いていて、垂直方向の枝を上へ上へと押し上げようとします。それは、編み手が意図しなかったカーブを描いて、いくぶん歪んだフォルムを形成することになりました。

要するに、学生たちは柳の籠をつくることで、自身の身体や柳の特性、風の強さなど様々な要素が絡まり合ってモノができていくことを体験するのです。自分以外の諸要素が、想定外の方向から自分に働きかけてくる。コントロールできない要素によって、自分だけの柳の籠が出来上がるのです。その感覚を、インゴルドは重視したのです。

こうした実習を娯楽のように感じている学生もいたようですが、中には驚くべき作品に仕上げた学生もいたと、インゴルドは振り返っています。

この教育プログラムでの試みは、教育とはモノと世界に目を向けることであり、他の誰かと共通の何かを見つけ、つくる作業であることを論じる、後の『人類学および／としての教育』（２０１７年）へとつながっていきます。

このように、アバディーン大学に異動したインゴルドは研究と実践を一体化させていきました。この時期、こうした研究＝実践に加え、人類学という学問領域を超えて、ギブソン、マルティン・ハイデガー、モーリス・メルロ＝ポンティ、ルネ・デカルトなどの哲学的な思考を結び合わせながら、インゴルドは思索を深めていったのです。

『環境の知覚』

インゴルドは２０００年に23本の論考をまとめて『環境の知覚』というタイトルで出版しています。その中で、環境と人間、「自然」と「社会」を区別する、西洋近代の二元論的思考の解体に挑戦しています。

インゴルドは、西洋近代における「自然」と「社会」の二元論は、それほど有益でも称賛すべきものでもないと断言しています。インゴルドによれば、近代科学は自然や環境を押さえつけ、人間から切り離してしまいました。これに対して非西洋の多くの先住民たちは、人間は環境に立ち向かうのではなく、環境の中に組み込まれている存在だと捉えています。

そうした見通しを踏まえて、環境と人間の問題を探ったのが『環境の知覚』だったのです。インゴルドは「人類学は認知科学よりも生態心理学との協同から得るものが多い」という立場を表明した上で、見ること（視覚）と聞くこと（聴覚）という感覚の違いについて考察を行っています。その議論を取り上げてみましょう。

インゴルドが育った町には踏切があり、そこには「とまれ、みて、きけ」という標識があったといいます。しかし、インゴルドは踏切を渡る際には、必ずしもその忠告には従っていなかったようです。彼はそんな忠告に従わなくても、列車が来ているかどうかは判断できたと言います。

でも、これは妙な話です。そもそも、列車が近づいてきたか否かを知るためには、踏切の前で立ち止まって列車を確認したり、通過音に耳を澄ます以外に方法はないはずです。ですが、現実に人は「とまれ、みて、きけ」という標識を無視して「いま電車は来ていないな」と判断することができるのです。遠くから列車がやって来るのを、感覚を通して知覚しているのです。なぜ、そんなことができるのでしょうか。

そもそも私たちは何かを見るとき、光ではなく、光が当てられたモノを見ます。光は私たちに遠くのものを見させることはできますが、自分自身の顔を見させることはできません。そして、光は角を曲がった先まで届きません。一方、聞くことはまた事情が異なります。人は自分の声を聞くことができるし、角を曲がった先でも音を知覚することができます。見ることと聞くことといっても、こんなにも違うのです。

その意味で、光が目に、音が耳に聞こえることを、外部の対象が感覚受容器に作用するように単純化して捉える神経科学は正確なものだとは言えません。これに対してインゴルドは、ギブソンやメルロ＝ポンティを手がかりとしながら、感覚を用いて世界を知覚するとはどのようなことなのかの検討を進めます。インゴルドは、知覚は、感覚という原材料に対して、頭の中で行われる作業ではなく、脳、身体、世界の境界を横切る回路で起きるのだと言います。

さらに彼は、あらゆる存在は自己完結した個体ではないという視点を重視します。どのような動物も、環境を離れて存在することはできないのです。「私たちは建てたから住まうのではなく、住まうために建てるのだ」というハイデガーの言葉を援用しながら、「住まうことの視点（dwelling perspective）」の重要性を指摘しています。その概念を糸口にしながらインゴルドは、環境の中に住まうことで、いかに世界が立ちあがってくるのかを捉えようとしたのです。

関係論的思考とは

前述のように、インゴルドはアバディーン大学で新しい教育・研究プログラムを立ち上げたことによって、新たな人類学の領野に踏みこんでいきました。

彼は、生きているとは、「道」や「線」に沿っていくようなものなのだと唱えます。インゴルドにとって、生きているとは、様々なモノとの関係から成る世界で、生きるやり方を見いだしていく創造的かつ即興的なプロセスなのです。

インゴルドは『環境の知覚』の中で、人間を理解するには「関係論的思考」が必要だと述べています。関係論的思考とは、自分や他者があらかじめ別個に存在するのではなく、それぞれが関わり合うことによって初めて生まれるのだとする考え方です。それは、ダーウィン理論と集団遺伝学の近代的な統合が確立されて以来、生物学で主流となった「集団思考」に対比されるものです。

集団思考とは、ある部分集団を対象として現象や変化が起こることを前提に考えていくことです。これまで、生物と人間は切り分けられてきました。生物は集団思考的に捉えられてきたのに対して、社会的な主体である人間は関係論思考的に捉えられてきたのです。

しかし、人間も生物であるならば、関係論的思考は人間の社会性の領域だけにではなく、生物の活動にも適用されなければなりません。あらゆる存在が関わり合うことによって自己となり、主体となるのです。このように、インゴルドは関係論的思考を、人間を含めたあらゆる生物にあてはめようとします。

後の著作『人類学とは何か』（２０１８年）の中に関係論的思考についての概説があります。

関係とは、いのちある存在が一緒にやっていくことについて経験するあり方であり、実際にそうしているように、それぞれの存在をつくり上げていくあり方である。ここで重要なのは、諸関係が展開していくと、それらが結集していくような存在が絶えず生まれていくということである。人類学の用語で、関係し合う存在は「相互に構成されている」。もっと分かりやすくいうと、他者との関係が、あなたの中に入り込み、あなたをあなたという存在にする。そして同じように、関係が他者の中にも入り込むということなのだ。（『人類学とは何か』１１８頁）

インゴルドはこのフレーズのすぐ後で、「すべての存在は、相互に働きかけ合っているというよりも、内側で働きかけているのであり、存在は働きかけの内側にある」（同書、同頁）と言い換えています。

インゴルドがよく使う「内側」という言葉について、少し説明をしておきましょう。インゴルドは、20代の頃にフィールドワークで出合ったフィンランドのサーミの人たちから、物事をほんとうの意味で知る方法を教えてもらったと言います。彼は、自身の内側から自己を発見するというプロセスをつうじて、物事を知るということを学んだのです。

インゴルドはまた、世界の外側に立っているだけでは知識を獲得することはできないという科学史家カレン・バラッドの言葉を重視しています。私たちは経験や見解、技能などを持ち寄って、内側から世界を絶え間なくつくり続けているのです。私であれあなたであれ、すべての存在はつねに内側から関係論的に生成するのです。

『ラインズ』で切り拓いた新境地

インゴルドにとって重要な著作となる『ラインズ』が出版されたのは、２００７年のことです。『ラインズ』は、世界の中の「線（ライン）」に沿って移動する旅へと読者を誘う内容の著作で、それ自体が、しなやかな思索の旅のようなものになっています。

この著作をつうじて対比的に取り上げられているのが、「徒歩旅行（wayfaring）」と「輸送

(transport)」という2つの移動です。「徒歩旅行は絶えず動いている状態にある。いわば、旅行者は動きそのものである」と言います。それに対して、「輸送は目的地指向である。それは生活の道に成長することではなく、ある位置から別の位置へ横断して人や物資をその基本的性質が変化することのないように運搬することである」と言います。

その2つの違いを、インゴルドは野生トナカイ狩りで生計を立てている、ロシア極東、サハリン中央部から北部にかけて住むオロチョンを例に説明します。彼らは飼い慣らしたトナカイの背に鞍をつけ、それにまたがって狩りに出かけます。ハンターたちは前進しながら、道筋に沿って広がる風景と動物たちに絶えず注意を払います。これが、インゴルドのいう「徒歩旅行」にあたります。行く先々でトナカイが仕留められ、仕留められた獲物は一時的にその場に置き去りにされます。

その後、あとを追ってそこにやって来た同じ村の人たちによって残された獲物が回収されます。回収された獲物は、一直線にキャンプと目的地を最短距離で結ぶ橇道《そりみち》をつうじて運ばれます。これが「輸送」です。

トナカイ猟に行くために鞍に乗っていく道に沿って、生が営まれます。それは「始点も終点も持たず、果てしなく続くその道は徒歩旅行者のラインである」のです。他方で、獲物をキャンプに運ぶ橇道は、輸送ラインです。「それは始点と終点を持ち、両者を結びつける」ものです。
徒歩旅行と輸送の違いについて、インゴルドは、以下のようにも述べています。

> 輸送とは、機械的手段を使用するかしないかではなく、徒歩旅行にみられる移動と知覚との親密なつながりの消失によって区別される。輸送される旅人は乗客となり、自分では動かず、場所から場所へと動かされる。その通過のあいだに彼に近づいてくる風景や音や感覚は、彼を運ぶ動きにまったく関係がない。（インゴルド『ラインズ　線の文化史』工藤晋訳、管啓次郎解説、左右社、２０１４年、１２９頁）

インゴルドは、「徒歩旅行」のような「ライン」こそが、生きる道に等しいものだと言います。彼は、読者もまた「徒歩旅行」をする旅人になり、知識を積み上げながら「沿って進んでいく」ことを勧めているのです。要するに、生きているというのは、予定調和的に物事が進んでいくことではありません。偶発的に「何か」と出合い、その影響を受けながら、自分でも思いもしなかった「ライン」を描いていくことなのです。

このことは、現代を生きる私たちに大事な示唆を与えてくれます。私たちは今、先行きの見えない混沌とした時代を生きています。「こうすれば幸福な人生が送れる」という、共同体の中で共有されるような価値観はもはや存在せず、自分たちで自分たちが思い描く生ある未来を探し出さなければならないのです。

インゴルドのいう「ライン」は、私たちにとって生きていくための手がかりを与えてくれます。偶発的な人やモノとの出合いを、それらに探りを入れながら受け止める。どこに行くか分からない生の不確定さを肯定する。自分は常に生きている途上にいて、これからどんな出合いが待っているか分からない。そう考えながら「徒歩旅行」のように行動していくことは、これからの時代を生き抜くうえでの心強い道標となるでしょう。

生きている

さて、インゴルドは2011年に『生きていること』を刊行します。原題は『Being Alive』です。日本語訳の作業はとても骨の折れるものだったと思いますし、その点で、訳者の方々には敬意を表しますが、日本語のタイトルは「生きていること」という「動名詞」的なものよりも、「生きている」あるいは「生きつづけている」という動詞的または現在進行形的なもののほうが、インゴルド自身の意図を損なわないのではないかと思います。

以下では、訳書のタイトルはそのまま示すこととし、訳書からの引用以外は、「生きている」と、動詞的に表したいと思います。

この著作には、1999年から2009年に書かれた論考などが収められています。インゴルドは時に理詰めで攻め上がり、時にユーモアたっぷりに語っています。そのようにして彼は人間が「生きている」さまに深く斬り込んでいきます。プロローグの最初の文で彼は、以下のように述べています。

人類学とは、私に言わせれば人が生きることとの条件と可能性をじっくりと着実に探っていく学問である。けれども、これまでの人類学の歩みがそうだったというわけではない。ときとして人類学者たちは、苦心の末に自分の理論から生きることをそっくり抹消してしまうか、遺伝対文化、自然対社会のように区分けされるパターンや規範、構造やシステムから吐き出される単なる出力結果の断片として、「生きていること」を扱おうとしてきた。（中略）行き先の定まったプロセスであるという目的論的な見解に代えて、行き先が絶えず更新されていく宙に投げ出された流転として、生きることとの可能性を新たに捉えなおすことはできないだろうか。（中略）生きることとは開いていく運動であって、閉じていくプロセスではない。そして本来、このような「生きること」こそが、人類学の関心の中心にあってしかるべきなのだ。（インゴルド『生きていること　動く、知る、記述する』柴田崇・野中哲士・佐古仁志・原島大輔・青山慶・柳澤田実訳、左右社、2021年、29頁）

この部分に、この本の目的だけでなく、インゴルドの人類学のエッセンスが書き込まれています。これまでは、まず理論ありきで、その結果のおこぼれとして、人が「生きている」が扱われてきたと言うのです。それに対して、今こそ人が「生きている」を、人類学の主題として扱うべきだと高らかに宣言するのです。インゴルドはここで、過去の人類学に別れを告げ、新たな人類学を提唱しています。この観点から人類学の100年を読み直し、人類学が人が「生きている」さまを探究してきたと見るのが本書『はじめての人類学』です。

その上で、「点と点を結ぶネットワークではなく、線が織り成すメッシュワークを」、「主体と客体のスタティックな二元論ではなく、生成変化の真ったただ中で起きる『生きている』を」、「現実から乖離した学知ではなく、身体経験を伴う実践の知を」というのが、この書を貫くテーマです。

インゴルドは人類が自然から二足歩行に引き上げられた結果、歩くことへの関心が衰退していったと言います。第一部「地面を切り拓く」ではまず、人間が根本的に周囲の環境に触れるのは足が地面に接している時であり、足を通して知覚される世界を復権すべきだと宣言しています。

続いて第二部「メッシュワーク」では、生きていることには必ず運動が伴うという点を深めるために、ギブソン、ヤーコプ・フォン・ユクスキュル、ハイデガー、ジル・ドゥルーズらを参照しながら論じています。私たちは、生、成長、運動の線が絡まり合うメッシュワーク的な世界に住みついているのです。インゴルドによれば、生命の網として知られているものは、点と点から構成されるネットワークではなく、編み合わされた線からなるメッシュワークなのです。

インゴルドは、ネットワークとメッシュワークという二者の違いを、アリ(ANT)とクモ(SPIDER)を登場させて、比喩的に語っています。アリは、人類学者ブリュノ・ラトゥールらが提唱した「アクター・ネットワーク理論(Actor Network Theory)＝ANT」のように、ネットワーク状の動きをします。他方で、クモは、自らの身体から糸を出して、メッシュワーク状に動き回ります。クモの巣には、熟練された実践の中に、発達した身体化された反応が見られるのです(Skilled Practice Involves Developmentally Embodied Responsiveness＝SPIDER)。アリははじめから物質的な実体として存在し、ネットワーク的に動き回るのですが、他方で、クモは、物質的な実体でもあり、自ら糸を出す線でもある存在として関係論的には動いていくのです。

「生きている」とは、クモの動きのように、糸と経路がもつれ合った状態のことです。だからクモをその網から切り離すのは、鳥を空気から、魚を水から切り離すのと同じことを意味します。空気から鳥が、水から魚が、網からクモが切り離されるならば、それらは死んでしまうのです。

著作『生きていること』におけるインゴルドの問題意識の底には、知が学問として構成される過程で、当の現象それ自体から遠く隔たってしまったことへの苛立ちが見え隠れします。この疑いを元手にインゴルドは、古今の思想家たちと対話を交わし、「生きている」それ自体へと没入し、モノが媒質とともに生き生きと立ち現れる現場を生け捕りにしようとするのです。流転する生をわしづかみにする「生の流転」こそが、インゴルドの人類学なのです。

『メイキング』から『応答、しつづけよ。』へ

2013年に出版された『メイキング』は、当初「4つのA」というタイトルの本になるはずだったようですが、出版社からタイトルに数字が入っているとデータベースやカタログシステムで探しにくいと言われ、「メイキング」に変更したようです。しかしインゴルドは、この「メイキング」というタイトルが、最終的に本の中身を端的に言い当てているものになったと述べています。

『メイキング』の中でインゴルドは、すでに見たように（アバディーン大学の「4つのA」）人類学とは、世界を記述することよりも、世界との関係の中に踏み込むことを目的とした「探求の技術」であると位置づけています。人類学の「探求の技術」とは、「そこで現在生じていることに次々に即応できるように、知覚を研ぎすませることであり、すなわち、世界との関係を調整することである」（『メイキング　人類学・考古学・芸術・建築』27頁）と言います。そのことをインゴルドは、「応答（correspondence）」とも呼んでいます。

『メイキング』の最初の章でインゴルドは、フィールドとの関係で人類学を説明しています。人類学の主要な調査方法である参与観察とは、たんなるデータ収集のためのテクニックではありません。それは「内側から知る」方法なのです。

インゴルドは「参与観察は人類学の実践なのであって民族誌の実践ではない」（同書、21頁）と言います。民族誌は何かに関する研究であり、何かについて学ぶことです。記録するための記述が民族誌であり、それは資料収集の目的に供するのです。

それに対しインゴルドは、「人類学は誰かとともに研究し、そこから学ぶことだ。人生の道を前に進み、その過程で生成変化をもたらす」（同書、19頁）と述べています。人類学者はフィールドの現実に参与しながら素材と格闘し、観察によって素材と関わり、知覚を研ぎ澄ませていくべきなのです。人類学が「探求の技術」であるゆえんです。

だから、参与観察とは、人々「とともに（with）」学ぶ方法のことであり、「それは、他者の生を書くことに関するものではなく、生きる方法を見つけるという共通の任務に他者とともに加わることに関するものである」（『人類学とは何か』19頁）。他方、民族誌とは、あくまで人々「についての（of）」研究であり、研究対象について一方的に書き上げるものだと言います。要するに、フィールドの世界と応答する中で得たものをデータに変換し、物事がどのようになっているのか、その特異性を記述するのが民族誌なのです。

民族誌はいわば、現地から目的地へとモノや人を運搬する「輸送」のようなものです。それに対して、参与観察する人類学者は「徒歩旅行者」のように世界との関係を調整しながら、世界に応答し続けるのです。『メイキング』において初めて取り上げられ、その後次第に深められてきたのが、この「応答」というアイデアです。

インゴルドは『メイキング』の中で、「応答」というアイデアの中心にあるのは、「文通」だと述べています。

> 第一の点、手紙を書くことは時間を要する。手紙が届くのを待つこと、手紙が届いてからそれに目を通すというように。文通《コレスポンダンス》はリレーとかなり似ている。（中略）それはただ続いていく。第二の点。文通の軌跡は、感情の軌跡であり、感覚の軌跡でもある。（中

略）手紙を読むことは、単にその書き手について読むことを意味しない。むしろ、その相手とともに読むことである。あたかも書き手がページから語りかけてくるように、読み手であるあなたはその場で耳を澄ませるのだ。（『メイキング　人類学・考古学・芸術・建築』217頁）

文通とは第一にリレーのようなものであり、第二にそれは、手紙を読むことの中に感情や感覚の軌跡が残っていて、それらに耳を澄ませることが含まれているのです。これらが文通の特徴であり、「応答」の極意なのです。

第二の点に注目すれば、世界と「応答」することとは、「あるひとの感覚的な意識と、生気にあふれたいのちの流れやほとばしりが混ざり合うことである」（同書、223頁）と言うことができるでしょう。人類学に戻れば、インゴルドは、人類学とは、フィールドに出かけて、「探求の技術」をつうじて、世界と「応答」することだと言うのです。

応答するとは、考えることが思想という形にまさに安定しようとしている場面にいつでもいることとです。それは、考えが流れに洗われて、永久に失われてしまわないように、その初期段階の発酵の中で、その場で考えを生け捕りにすることとなのです。（インゴルド

『応答、しつづけよ。』奥野克巳訳、亜紀書房、2023年、32頁)

「応答」するとは、考えが思想という形に安定する場面で、考えを生け捕りにすることなのです。

世界が切り分けられ、実体的に取り出された時、モノは死んでしまいます。「生きている」とは、世界と「応答」しつづける過程そのものなのです。こう規定することによりインゴルドは、人類学を「生の流転」を捕まえる学知へと昇華させたのです。なお、「応答」に関しては、これまでの議論を更新しながら、アート批評を中心に、2022年に『応答、しつづけよ。』を出版しています。

知識に知恵を調和させる

インゴルドは論文や書籍を執筆する際、初めはまったく先行きが見えず、なんでこんなことを書いているのかと自問自答するのだそうです。我慢してなんとか書き進めると、3分の2くらいに差し掛かったところで、それまで積み上げてきた内容が何を書けばいいかを指し示してくれて、自分はただペンを持っているだけという状態になるのだと述べています。

そういう書き方なので、インゴルドの著作には、いろんなところに問いの萌芽が書かれていて、別のところにその考察が述べられていたりするわけです。何のために書くのかという目的が最初にあって先行文献が検討されたり、素材が集められたりして、体系的に論じられているのではないこともあるので、読者にとっては読みにくいと感じられるかもしれません。しかしそれがまさに、インゴルドが唱える世界との「応答」であり、世界の中の線に沿って行われる思索の旅だとも言えるでしょう。そんな中、人類学について、これまで書かれたり述べられたりしてきたことを新たに語り直したのが、2018年の『人類学とは何か』です。彼が人類学について述べたエッセンスを取り上げてみましょう。

インゴルドによれば、人類学とは、人間を探究する学でも、異文化理解の学でもありません。人類学のやり方は、哲学のように、もうこの世にはいない哲学者の古典的なテキストを読解するのではなくて、世界の真っただ中に分け入って、人々「とともに」考えることなのです。

インゴルドは、大量虐殺に至る衝突、貧富の格差、環境汚染など、世界が臨界点に達している今日ほど、人類学が必要とされる時代はないと言います。私たちは、いかに生きるべきなのか。この難問を探ることが人類の任務であり、人類学が取り組むべき課題だと宣言します。

そのために人類学がなすべきこととは、「知識」をこれ以上付け足すことではありません。世界とは、研究対象ではなく研究の環境です。フィールドワークをつうじて、人類学は「知恵」を得るのです。インゴルドは以下のように述べています。

知識は私たちの心を安定させ、不安を振り払ってくれる。知恵は私たちをぐらつかせ、不安にする。知識は武装し、統制する。知恵は武装解除し、降参する。(『人類学とは何か』15頁)

「知識」とはモノを固定したり説明したりする時に用いられるものです。「知識」は、それを得た人に力を与えてくれます。しかし「知識」の要塞に立てこもると、周りで起きていることに注意を払わなくなります。

それに対して、「知恵」とは、世界の中に飛び込んで、そこで起きていることに晒される危険を冒すことから開かれてくるものです。「知恵」は、注意を払ったり気にかけるために他者を目の前に連れてくるように、「知識」からなる世界をぐらつかせるのです。

私たちには「知識」に劣らず「知恵」が必要なのです。しかし今日、そのバランスは、「知識」に大きく傾いてしまっています。人類学者の仕事は、科学によって伝えられる「知識」に「知恵」を調和させていくことだとインゴルドは述べています。

人類学はこれまで、教育のない、無知と片づけられてしまうような「未開」の人々からフィールドで積極的に学ぼうとしてきました。彼らの「知恵」から学ぶべきものはたくさんあります。

しかし残念なことに、フィールドの人々は、情報提供者としてのみ位置づけられることがとても多いとインゴルドは言います。人類学者は、フィールドで、現象そのものをデータに変える瞬間に、「彼らの言うことが何を語っているのか」ということにしか関心がなくなってしまうからです。人類学者は帰国して、人々「について」語り始めるのです。

でもインゴルドは、人類学者がほんとうにやってきたのは、フィールドで人々「とともに」研究することだったのだと言います。人々「とともに」研究する参与観察は、生きる方法を探るという、人間の共通の任務に関わっており、それこそが人類学に他ならないのです。

フィールドで人々から学ぶには、「他者を真剣に受け取る」という姿勢が肝要です。人々が何を言おうがしようが、私たちの「知識」を増やすためだけに、人々の言葉や行動をデータとして解釈するのなら、「他者を真剣に受け取る」という態度だとは言えません。「知恵」を得るとは、そのように論を閉じてしまうのではなく、フィールドの人々の経験を真剣に受け取り、そのことによって豊かになった想像力に対して論を開いていくことなのだと、インゴルドは言います。

『人類学とは何か』の中で、インゴルドはこのように、これまでどの人類学者もたいてい行ってきたのだけれども、誰一人として考えつかなかった、真に迫る人類学の輪郭をありありと私たちの前に示してくれたのです。

インゴルド「とともに」

20世紀の初頭にニューギニア東部の島々でマリノフスキによって始められた人類学は、それから1世紀を経た今、同じ学問と思えないくらいにまで変容を遂げました。そのことを決定づけたのがインゴルドです。インゴルドは、人類学を根本からつくり変えてしまったと言えるでしょう。いや、そうではなくて、インゴルドは、人類学者の行っていることのエッセンスに目を向け、大切な部分を抽出して、人類学の未来展望に向けて新たな足場を築いたのだと言うほうがいいかもしれません。

彼は、『人類学とは何か』の中で、以下のように述べています。

人類学の目的は、人間の生そのものと会話することである。（同書、33頁）

人間を生物学的でありながらも同時に社会的な存在だと捉え、自然科学と人文学の統合を目指したインゴルドは、「人間の生と会話する」という人類学を宣言したのです。

不確定な道を歩きながらも人やモノとの偶然性の出合いを受け止めて自分の生を歩みながら「ライン」を引いていく。これは現代を生きている私たちにとっても大事なメッセージです。フィールドの人々「とともに」生きていくあり方を模索し続けるインゴルドは、まさに「生の流転」を前面に押し出した人類学者なのです。

終章　これからの人類学

再帰人類学の時代

マリノフスキ、レヴィ＝ストロース、ボアズ、インゴルドの順に取り上げて、人類学100年の歩みを追ってきました。これまでの流れだけを見ると、人類学はさぞ前向きに、発展的に変化してきた学問だと見えるかもしれません。しかし、そうではありません。人類学にも「暗黒」の時代がありました。

本書では取り上げませんでしたが、インゴルド以前とインゴルドの間には、今日では一般に「再帰人類学」と呼ばれる、人類学の猛省の時代が挟まれます（インゴルドは「再帰人類学」時代の人類学者ですが、それには積極的には与していません）。

それはとりわけアメリカの人類学で勢いを持ち、日本の人類学にも大きな影響を与えた、人類学そのものの理論的検討とでも言うべき運動です。勢いを持つと言いましたが、うつむいて自らのことを省みている点で、とてもネガティブなものを含んでいました。

アメリカの人類学の影響を受けて、日本の人類学は、1980年代以降、ポストモダン批評理論をうけとめ、しだいにテキストをめぐる問題の検討へとかたむいていった。異文化の記述は部分的な真実でしかなく、人類学者が他者を一方的に表象する点において、帝国主義時代の宗主国と植民地のあいだの権力関係を再生産しつづけている——こうした自己批判的な議論がさかんにおこなわれるようになり、人類学は、調査者の態度やその背景にあるポストコロニアルな構造をめぐる問題検討の袋小路へと入り込んでいった。

そのような議論をへて今日、みぢかな社会状況のなかに生起する問題のみに焦点をあてたり、実践的な活動にかかわりながら調査研究したりする人類学者がふえている。こういった研究の多くは、同時代的に示唆的かつ重要ではあっても、スリルに欠け、志そのものがしぼんでしまっているように思える。人類学がそもそももっていた人間探究という理想から遠ざかってしまっているからである。

はたして、ふたたび、人間探究の森の奥深くにまで分け入るような人類学は可能だろうか。わたしたちになじみの薄い文化や人間の集団などを対象として、フィールドワークという手法をつうじて、経験的に対象へと接近し、起爆力あふれる人間観を発信できる人類学を提起することはできないだろうか。

この文章は、春風社の「来たるべき人類学」シリーズ5巻本（『セックスの人類学』『経済からの脱出』『宗教の人類学』『アジアの人類学』『人と動物の人類学』、２００９～２０１３年）を刊行するにあたって、シリーズの言葉として、私自身が２００９年に書いたものです。

ここではポストモダンおよびポストコロニアルな人類学を合わせた「再帰人類学」を、人類学が入り込んでしまった袋小路であると評しています。そして、そこからすぐにもがき出ようとする拙速さを牽制しつつ、今こそ人間の奥深き探究へとふたたび分け入る人類学を待ち望むべきだと唱えています。今読み返してみると、２０１０年前後の日本の人類学を取り巻く「暗黒」の一端が感じられます。

戦後三度の人類学ブーム

では、その後、人類学はどうなったのでしょうか。２０２２年刊行の拙著『これからの時代を生き抜くための文化人類学入門』（辰巳出版）に対する『週刊読書人』の書評（２０２２年8月26日号）の中で、社会学から人類学に転向した若手人類学者の橋爪太作《だいさく》が示した見方が、今日の人類学に至るまでの日本における人類学の趨勢《すうせい》を包括的に捉えようとしている点で、示唆に富んでいます。彼は、ここしばらく、ほぼ毎月のようにタイトルに「人類学」と付く書籍が刊行されていて、この分野が元気なのだと言います。人類学は「再び論壇の寵児」になったとも述べています。

その書評の中で橋爪は、いったいなぜいま人類学なのかを探っています。まず彼は、戦後日本では１９６０年代から１９８０年代にかけて、これまで二度の人類学ブームが起きたと見ています。

一度目は、政治革命の挫折と高度成長という時代を背景として、西洋近代やマルクス主義に代わる「外部」として異文化が探求された時期です。二度目は、その後、西洋がもはや模範となり得ない不安が漂うポストモダンの時代です。その時期、人類学が思想や芸術の新たな参照点となったのだと言います。

それから30年を経たいま、橋爪は、遠いエキゾチックな「外部」を生きる人たちは、今や私たちの「隣人」であると言います。たしかに、かつての「未開」とされる土地に住んでいた人々も、今では当たり前のようにスマホを使っています。近い将来、彼らは、私たちとまったく同じライフスタイルを営むようになるかもしれません。

「外部」と「内部」があいまいになり、もはやその境界がなくなりつつある現在、人類学はこれまでとは違った人間の生き方を探ろうとしているのです。その点において、人類学は、社会・文化批評をリードする学問となり得ているのではないかと橋爪は言います。

西洋と非西洋、自己と他者にほとんど差がなくなりかけている今日、他者を含めて、人間主体のあり方に目を向ける人類学にふたたび熱いまなざしが注がれているという橋爪の見立ては、とても説得力があるように思います。

橋爪の見解を振り返ってみれば、戦後の二度の人類学ブームは、西洋的な価値観で埋め尽くされていた現代において、「外部」にある思考を私たちにもたらしてくれたということになるでしょう。しかし今回の三度目のブームでは、そのような「外部」がはっきりしなくなり、もはやなくなりつつあるかもしれないというのが、橋爪の見立てです。

西洋と非西洋、自己と他者、「内部」と「外部」の差は目立たなくなってきています。私の調査地のボルネオ島プナンでも、熱帯雨林の奥地にまで電気とWi-Fiが届けられています。スマホが人類社会に行き渡り、人々は、世界中の情報を瞬時に手にすることができるようになったのだと言えます。そのような時代に、人間がどのように世界を認識しているのかを描き出す人類学の重要性は高まってきているのかもしれません。

「外部」へ

他方で、この状況は人類社会にもはや「外部」への抜け道がなくなりつつあるのだと言い換えることもできるでしょう。だからこそ、人類学はまた新たな「外部」を見つけ出そうとしているのかもしれません。人類の「内部」の差異に目を向けるのではなく、人類の「外部」に目を向ける人類学の登場です。

人間社会の「外部」と「内部」との関係という点で言えば、これまでにも、生態人類学や環境人類学などの研究がありました。しかし今日、それらとは異なるルートで、「人間以上の人類学《モア・ザン・ヒューマン》」ないしは「人間的なるものを超えた人類学《ビヨンド・ザ・ヒューマン》」と呼ばれる流れが形成されつつあります。それは、人類学の中に新たな「外部」を招き入れる試みだと言えるでしょう。

人類学者・箭内匡《やないただし》は、自然という「外部」をめぐる文化・社会人類学の流れを、1990年前後に起源を持つ「存在論的」人類学という第一波と、その流れを汲んで、2010年以降に広がった「マルチスピーシーズ民族誌」という第二波に分けています。第一波は、いわゆる「人類学の存在論的転回」にあたります。存在論的人類学以前には、人類学の前提は、自然と人間や、物質と精神という二項対立に基づいた西洋の認識論でした。ところが存在論的人類学以降、人類学は人間以外の動物や植物や機械までをも含め、それぞれがアクターとして活動する世界に目を向けるようになったのです。

第二波の「マルチスピーシーズ民族誌」は、人類が地球の地質や生態環境に影響を与えたことを明らかにしつつある「人新世《じんしんせい》」というテーマに対して、人類学からの応答として立ち上がってきました。その背景には、人間以外の存在（動物や植物、菌類など）の意識や感覚をより深く知りたいという感性を持つ人たちが現れたことがあります。

西洋近代以前・以外では、動物や植物、菌類などは人間とは見かけ（身体性）は異なりますが、怒ったり喜んだりするという「内面性（精神性）」を人間と共有していると考えられてきたのです。マルチスピーシーズ民族誌の担い手たちは環境危機に際して、人間を中心に置いて世界を捉え、働きかけようとする傲慢な姿勢に疑念を抱きます。人間は人間以外の他の存在者たちとの関係性の網の目から切り離されることはできないという考え方を示しながら、マルチスピーシーズ民族誌を進めるようになったのです。

こうした「人間以上の人類学」の動きは、「自民族（文化）中心主義」や「ヨーロッパ中心主義」の次に来る、新たな知の運動だと見ることができます。「人間以上の人類学」は、「人間中心主義」を問題視し、乗り越えていくためのアカデミックな努力なのです。人類学は今、人類を超えた「外部」から人間を眺め、探究を進める学知へと変容しつつあります。

この「外部」というのが、人類学にとって重要です。「外部」がなくなったら、その時、人類学はもはや人類学ではなくなってしまうと言っても過言ではありません。その意味で人類学とは、私たちにつねに「外部」を見せ、「外部」への想像力を掻き立てながら、人間について考えてきた学知だったのです。

逆に言えば、人間社会「内部」の断片に執拗なまでにこだわって、閉じこもってしまうような人類学は「死」です。「外部」を希求するという、こうした人類学に潜在する特徴を押さえた上で、本書で取り上げた20世紀以降の人類学がどういった背景によって誕生したのかを、学問の歴史という長い尺と、19世紀から20世紀にかけての時代背景という短い尺の2つに分けて、おさらいしておきましょう。

学問の歴史と人類学

哲学は紀元前5世紀の古代ギリシアで、ソクラテス、プラトン、アリストテレスによって始められたとされます。同じ頃にヘロドトスの著した『歴史』により、歴史叙述というジャンルが登場しました。ルネサンス期以降17世紀の古文書学や文献学の進展を経て、19世紀になると史料批判を重視する実証史学が確立され、今日の歴史学の基礎が築かれたのです。

18世紀後半のフランス革命後に生まれた社会に対する関心は、やがて19世紀初頭にコントによって社会学という学問に結実しました。プラトンにまで遡ることもできるとされる経済学はヨーロッパ列強の経済発展とともに誕生し、資本主義経済下における現象や経済システムについての研究を進めることにより発展してきたとされます。

こうした人文・社会科学の誕生と発展に対して、人類学は、それらとは異なる経路を辿って生み落とされました。人類学の進展の淵源《えんげん》は、自らが生まれ育った土地の「外部」への関心にあります。

15世紀から17世紀にかけて、ヨーロッパは、それまで経験したことがなかった規模でヨーロッパの「外部」を目の当たりにしました。その時代、ヨーロッパでは絶対主義国家が相次いで誕生し、国家と結びついた重商主義が発展し、大商人たちが大航海に出かけるようになったのです。そのようにして、出かけた先の様々な場所に暮らしている人々との間で関係を結ぶようになり、「外部」の情報がヨーロッパにもたらされるようになりました。

その後、産業革命や市民革命を経てヨーロッパは、地球上に植民地をどんどん広げていきました。その過程で、特にイギリス、フランス、オランダでは、探検家の記録や旅行記、宣教師の報告書などが積極的に利用されて、人間をめぐる研究が進められました。19世紀になると、人間の起源をめぐる生物学的進化論や「野蛮人」とヨーロッパ人を分ける学説が生まれます。

人類学が生まれた時代

16世紀に天動説を否定した天文学や19世紀に人間がサルの子孫であると唱えた進化論などの自然科学の進展により、ヨーロッパではキリスト教の唯一神への信仰が絶対的なものではなくなってきていました。無神論とともにニヒリズムが広がる中、フリードリッヒ・ニーチェは「神は死んだ」と唱えます。彼はニヒリズムを乗り越えて、いかにすれば生きることに価値を見いだせるのかという問いを考え続けました。その上で、何者にも支配されずに、自由な心で生きる「超人」を目指すべきだと主張します。

19世紀の科学技術の発展はまた、それまで人間を脅かしていた迷信や信仰を突き崩し、近代的な自我の確立を促しました。その時代、ジークムント・フロイトは、自我の意識の奥底に抑えられた無意識を発見したのです。フロイトは１９００年に夢分析の記録である『夢判断』を出版し、20世紀初頭には人々の抱える神経の病いを治療する精神分析学を創始しています。

産業革命以降の機械制大工業の発達は、労働を単純労働に変え、人間を機械に支配される存在につくり変えました。カール・マルクスは19世紀後半に『資本論』の中で、労働が人間を疎外する資本主義の問題を論じています。１９２０年代になると、第一次世界大戦の特需に沸くアメリカは大量生産・大量消費により経済的な繁栄を遂げますが、その直後の１９２９年には世界恐慌が起きます。疎外は芸術の分野で扱われるようになり、製鉄工場で監視されながら単純作業に従事する男が精神に失調をきたし、トラブルを起こして精神病院送りとなる様子を描いたチャールズ・チャップリンの映画『モダン・タイムス』が公開されたのが、１９３６年でした。

１世紀にわたる平和の時代の後に勃発した第一次世界大戦は、人類初の総力戦であり、総動員体制が取られた戦争でした。4年3ヵ月に及ぶ期間で、ヨーロッパ全体で855万人の死者を出しています。この大戦は物質的・精神的な危機をもたらしました。

詩人ポール・ヴァレリーは、1919年から1922年にかけて発表した「精神の危機」と題する評論の中で、「ヨーロッパ文化という幻想がはじけ、知識では何も救えないという知識の無力が証明された」と述べて、第一次世界大戦を引き起こしたヨーロッパ精神の危機を語っています。ヴァレリーは、人間における「精神」の意味を根本的に問い直そうとしたのです。

科学と合理主義が進展したその時代、ヨーロッパの人々は、神の不在により居場所を失ってニヒリズムに陥り、機械制大工業の発達によって置き去りにされ、未曽有の総力戦を戦った果てにヨーロッパ文化の幻滅に直面したのです。そうした時代に生み落とされたのが、実は、人類学だったのです。人類学もまた、時代の申し子なのです。

科学技術が進展し交通網が発達して、個人の海外渡航が可能になった時代に、人類学は現地において長期の調査研究を開始し、参与観察に基づくフィールドワークと民族誌という研究手法を獲得しました。人類学は物質的・精神的な危機を抱えるヨーロッパ「内部」から「外部」に目を移すことで、人間性の探究を進め、瞬く間に学問の地勢図の上に広がっていったのです。

本書で紹介した4人の人類学者はいずれも、そのような20世紀の初頭以降に人類学を推し進め、人類学を牽引するようになった研究者たちです。彼らは、もっぱら「外部」を手がかりに人類学を推し進めてきたのです。以下では、ヨーロッパ近代の「外部」を梃子《てこ》にして、彼らが辿り着いた人類学的な視点が、現代を生きる私たちに何を与えてくれるのかをあらためて考えてみたいと思います。

行ってみて、ほんとうのことに近づく

20世紀になると、生まれ育ったヨーロッパ世界において何かしら「生きにくさ」を感じる若者たちが現れました。彼、彼女らは、自分とは質の異なる生を生きている人たちがいるに違いないと考え、自らの慣れ親しんだ世界の「外部」へと出かけ、そこに滞在し、私たち人類がいかに生きるべきかという問いの答えを探り始めたのです。その出発点となったのが、マリノフスキでした。

マリノフスキ自身も、第一次世界大戦という時代のうねりに振り回されました。イギリスに帰国することができなくなったマリノフスキはヨーロッパ戦線から遠く離れて、ニューギニア東部で長期にわたって滞在する機会を得ました。そこで彼は、自らの恋の苦悩と現地の人たちに対する困惑に向き合いながら、現地の人々の生きている日常の断片に目を

凝らし、それらが重なり合って、大きな全体へと統合されているさまを描きだしたのです。そうした発見は、実際に現地に住み込んでみて、直観を交えて現実に接近することなしには達し得なかったことです。

マリノフスキが後世に残してくれたもののうち最も重要なのが、フィールドワークの精神と実践です。頭では分かった気になっているのだけれど、実際にそこに行ってみて、しばらく住んでみると、現実はずいぶん違う。そんな経験を、読者の皆さんもどこかでしたことがあるのではないでしょうか。人類学は学問の根っこの部分に、こうした現地での実際の経験を深く組み込んでいるのです。

「外部」を知るために出かけて行って、その「外部」をくまなく知るという手法を編み出したマリノフスキのやり方は、必ずしも厳密な科学的手法ではありません。ですが、今後も私たち人類学者はそれをけっして手放しません。後にインゴルドが述べたように、自身の「内側から」知るのでないと、ほんとうに分かったことにはならないのです。

頭の中だけで考えを組み立てるだけではなく、実際に出かけて行って、自らの感覚を総動員して探り、そして知る。その大切さは、人類学から私たちが学ぶことができる、最も重要な事柄のひとつです。体を移動させ、体を使いながら考えたことが、私たちを真実や真理に近づけてくれるのです。

別の可能性としての「外部」を探る

次に本書で取り上げたのは、レヴィ＝ストロースでした。彼はヨーロッパ精神の危機が叫ばれた20世紀の二つの世界戦争の戦間期に社会主義運動に参加していました。レヴィ＝ストロースは哲学教師として暮らしていくことだけでは飽き足らず、サンパウロ大学に赴任し、先住民の暮らす地に出かけました。その後、大学からの任期延長の提案を断って、ブラジル奥地に長期調査の旅行にも出かけています。彼もまた、「外部」へと吸い込まれるように現地経験に惹かれていった人類学者でした。

レヴィ＝ストロースは、１９４１年にアメリカに亡命します。そこで、ブラジルのフィールドワークで着想を得ていた「親族」を論じるための理論的な枠組みに辿り着きました。生が知らず知らずのうちに秩序だって構造化されているさまを描きだす手立てを手に入れたのです。

彼はその後、人間の中に意識されないまま潜んでいる「構造」だけではなく、人間を超えて自然の中にある「構造」にまで踏み込んでいます。「自然」と「社会」に関して思索を深めたレヴィ＝ストロースは、今日の「人間以上の人類学」の祖だったとも言えるでしょう。

彼もまた、ヨーロッパから遠く離れた「外部」から着想した人類学者だったのです。私たちが「未開」であるとか「野蛮」であると思っている社会には最初から完成されている精神があり、それらもまた、西洋近代社会と同じ人間の精神の所産だと説いたのです。「外部」に出かけ、馴染みのある世界の「内部」から解き放たれて思索を進めていくことが、途轍《とてつ》もなく大きな知の地平を開く発端となり得ることを、レヴィ＝ストロースは教えてくれます。よく知らないまま、遅れている、野蛮だとみなしてしまっている「外部」ではなく、私たちにとって別の可能性としての「外部」があることを、レヴィ＝ストロースは示してくれたのです。

現代世界とともに、人類学を進める

19世紀後半、ネイティブ・アメリカンと呼ばれる先住民の調査研究を進めていたアメリカの人類学を、ボアズとその弟子たちが大きく発展させました。20世紀に入って急速な工業化を進めたアメリカは都市環境の悪化、移民の大量流入に加えて、貧富の格差や黒人の市民権をめぐる問題など、様々な課題を抱えるようになりました。さらなる工業化を目指すと同時に、社会の変革が急務となったアメリカ社会へと投げ込まれたのが、アメリカの人類学でした。

アメリカの人類学はつねに、その「内部」に混在する多様な文化と、そこから遠く離れた「外部」の文化を比較する中で、文化の概念を練り上げて、「文化相対主義」という考えを前面に打ち出すようになりました。

人類学の営み自体を猛省し、そのことでもがき苦しんだのが、主にアメリカの人類学だったというのは、歴史の必然かもしれません。おそらくそれは、悩み多きアメリカの剝き出しの姿だったのです。いずれにせよアメリカの人類学は、この学問は抽象的な哲学ではなく、現代世界とともに歩むべきものだということを私たちに教えてくれます。

世界に入り込み、人々とともに哲学する

最後に取り上げたインゴルドは「再帰人類学」にはほとんど目もくれず、独自の観点から人類学を進めてきました。20世紀末に、「生きている」を主題化しました。

インゴルドの目線で20世紀の人類学全体を捉えてみれば、これまでの人類学が同じように、人が生きていること、生に関わる学問だったということが見えてきました。それが本書で取り上げた4人の目指した人類学を、「生の全体」、「生の構造」、「生のあり方」、「生の流転」と名づけたゆえんです。

インゴルドは、人類学とは、参与観察に基づくフィールドワークをもとに民族誌を書いて異文化理解を目指す学問ではないと言い切っています。20世紀初頭にフィールドワーク

に基づいた人類学を始めたマリノフスキに反旗を翻す提起のように聞こえるかもしれませんが、そうではありません。

インゴルドは、人類学者がフィールドでするべきなのは、彼らの語りをデータとして集めて人々「について」語ることではないと言います。そうではなく、現地の人々「とともに」人間の生について学ぶべきなのです。インゴルドは「人類学とは、世界に入っていき、人々とともにする哲学である」と言います。

人類学は未開社会や非西洋社会の人々「についての」学問でも、異文化理解のための学問でもありません。人類学者自身が世界の真っただ中に入っていき、人々「とともに」する哲学なのです。以下は、『人類学とは何か』から引用です。

人類学者は世界の中で哲学する。人類学者は彼らが対象として選んだ人々とともに研究する——とりわけ、観察、会話および参与実践に深く巻き込まれることを通じて。(『人類学とは何か』9頁)

インゴルドによれば、人類学者は世界に入っていき、人々とともに研究する手法である参与観察をつうじて、世界の中で哲学をするのです。そうした土台の上に、インゴルドは、人類学を以下のように捉えています。

背景や暮らしや環境や住む場所がどのようなものであるかを問わず、世界中に住まうすべての人の知恵と経験を、どのように生きるのかということの問いに注ぎ込む。これが、私がこの本の中で唱える研究分野である。それを人類学と呼ぼう。（同書、7頁）

彼は「どのように人が生きるのか」という問いに全力を投じる学問こそが、人類学なのだと語ります。

インゴルドもまた慣れ親しんだ土地を離れ、なじみの薄い土地で参与観察するという人類学の研究手法を継承します。その意味で、「外部」は強調されることはありませんが、インゴルドの人類学もまた「外部」が深く埋め込まれているのです。その点を踏まえて人類学を、どのように人は生きるのかという問いに対して知恵や経験を注ぎ込む学問につくり替えたのです。『生きていること』の「プロローグ」の冒頭では、以下のように述べています。

人類学とは、私に言わせれば人が生きることとの条件と可能性をじっくりと着実に探っていく学問である。（『生きていること　動く、知る、記述する』29頁）

『生きていること』のサブタイトルは、「動く、知る、記述する」です。インゴルドによれば、その3つを同時になすのが人間であり、人類学者なのです。人間も人類学者も、動いて、知ろうとし、記述するのです。

動き、知り、記す存在は注意深い目をもたなければならない。注意深い目をもつということは、世界に向かって生きていることを意味する。(同書、10頁)

動き、知り、記すために注意深い目を持って、私たちも人類学者も世界に向かって生きているのです。

ではなぜ、人類学は「生きている」という問いに挑まねばならないのでしょうか。それは、人間が本質的に「生きづらさ」や「生きにくさ」を感じているからです。

私たちは慣れ親しんだ現代世界の「内部」で、戦争に至る政治、貧富の格差、環境の危機などだけでなく、法や制度、慣習上の問題、個人的な身体と精神をめぐる困難などを抱えて暮らしています。そして、その「生きづらさ」や「生きにくさ」は、ますます加速しているように感じられます。

そして「生きづらさ」や「生きにくさ」を抱えているのは、私たち現代人だけではありません。時代背景や暮らし、環境や住む場所がどのようなものであるかを問わず、どこでも人間は生きることの窮屈さを抱えているはずです。「生きている」とは同時に、生の困難でもあるのです。

地球上の人間は、多寡の差はあれ、生きていく上で悩みや困難や課題を抱えています。こうした全人類共通の課題に挑むのが人類学なのです。

ふたたび「外部」へ

人類学は、それを真剣に学ぶならば、私たちをふだんの思考の「外部」へと連れ出してくれます。

ぜひ、人類学を学んでみてください。

まずは、なじみの薄い土地の人々のやり方や考え方を頭の中でなぞってみて、別の生き方を知った上で、現代世界の「外部」にある可能性へと想像力を広げていきましょう。その後、頭の中で考えているだけではほんとうのことは分からないというところまで学び進めた段階で、私たちの社会の「内部」をぐるぐる回っているだけではなく、ぽーんと「外部」に出かけてみてはどうでしょうか。それはなにも遠い外国の、深い森の中である必要はありません。難しく考えないでいいのです。たとえば隣の町、行ったことのない場所に入り込んで、五感をフルに働かせてそこにいる人々を見つめてみる。人々が暮らしている大地や自然に関心を向けたり、それらを感じてみる。そんなことが人類学の実践の第一歩なのです。

そして「外部」というのは、知らない町や県、これまで行ったことがなかった国や地方、身近にありながら触れることのなかった集会や店、新たに興味を持った昆虫や土や山塊の世界だけでなく、風や宇宙など森羅万象にまで開かれています。

実際に出かけてみて体験してみると、当の「外部」は、訪れる前に思い描いていたのとは違っていることに気づくでしょう。そしてそのことを手がかりとして、自分自身の生の問いをよりいっそう深められるでしょうし、自己を変容させていくこともできるでしょう。そこから、あれこれと世界をめぐる思索を深めていくことさえできるのです。

出かけて行くための手がかりや考えてみるためのアイデアは、マリノフスキ、レヴィ＝ストロース、ボアズ、インゴルドなど、人類学の先人たちがすでに示してくれているのです。

参考文献

1章　近代人類学が誕生するまで

L.H.モルガン『古代社会』上・下　青山道夫訳、岩波文庫、1958年
エドワード・B・タイラー『原始文化』上・下　松村一男監修、奥山倫明・奥山史亮・長谷千代子・堀雅彦訳、国書刊行会、2019年
フレイザー『金枝篇』全5巻　永橋卓介訳、岩波文庫、1996年
デュルケム『社会学的方法の規準』宮島喬訳、岩波文庫、1978年

2章　マリノフスキ——「生の全体」

B・マリノフスキー『マリノフスキー日記』谷口佳子訳、平凡社、1987年
奥野克巳『ありがとうもごめんなさいもいらない森の民と暮らして人類学者が考えたこと』新潮文庫、2023年
マリノウスキー『未開人の性生活』泉靖一・蒲生正男・島澄訳、新泉社、1971年
マリノフスキー『文化変化の動態　アフリカにおける人種関係の研究』藤井正雄訳、理想社、1963年
B・マリノフスキ『西太平洋の遠洋航海者　メラネシアのニュー・ギニア諸島における、住民たちの事業と冒険の報告』増田義郎訳、講談社学術文庫、2010年

3章　レヴィ＝ストロース――「生の構造」

ドニ・ベルトレ『レヴィ＝ストロース伝』藤野邦夫訳、講談社、２００１年
レヴィ＝ストロース『悲しき熱帯』Ⅰ・Ⅱ　川田順造訳、中公クラシックス、２００１年
クロード・レヴィ＝ストロース『親族の基本構造』福井和美、青弓社、２０００年
橋爪大三郎『はじめての構造主義』講談社現代新書、１９８８年
クロード・レヴィ＝ストロース『われらみな食人種（カニバル）　レヴィ＝ストロース随想集』渡辺公三監訳、泉克典訳、創元社、２０１９年
クロード・レヴィ＝ストロース『今日のトーテミスム【新装版】』仲澤紀雄訳、みすず書房、２０２０年
クロード・レヴィ＝ストロース『野生の思考』大橋保夫訳、みすず書房、１９７６年
クロード・レヴィ＝ストロース『構造・神話・労働　クロード・レヴィ＝ストロース日本講演集』大橋保夫編、みすず書房、１９７９年
レヴィ＝ストロース／エリボン『遠近の回想』竹内信夫訳、みすず書房、１９９１年
クロード・レヴィ＝ストロース『生のものと火を通したもの』早水洋太郎訳、みすず書房、２００６年
小田亮『レヴィ＝ストロース入門』ちくま新書、２０００年

4章　ボアズ――「生のあり方」

フランツ・ボアズ『北米インディアンの神話文化』前野佳彦編・監訳、磯村尚弘・加野泉・坂本麻裕子・菅原裕子・根本峻瑠訳、中央公論新社、２０１３年
ルース・ベネディクト『文化の型』米山俊直訳、講談社学術文庫、２００８年

ルース・ベネディクト『菊と刀』長谷川松治訳、講談社学術文庫、２００５年
マーガレット・ミード『サモアの思春期』畑中幸子・山本真鳥訳、蒼樹書房、１９７６年
デレク・フリーマン『マーガレット・ミードとサモア』木村洋二訳、みすず書房、１９９５年

５章　インゴルド――「生の流転」

ティム・インゴルド『人類学とは何か』奥野克巳・宮崎幸子訳、亜紀書房、２０２０年
ティム・インゴルド『メイキング　人類学・考古学・芸術・建築』金子遊・水野友美子・小林耕二訳、左右社、２０１７年
ティム・インゴルド『ラインズ　線の文化史』工藤晋訳、管啓次郎解説、左右社、２０１４年
ティム・インゴルド『応答、しつづけよ。』奥野克巳訳、亜紀書房、２０２３年
ティム・インゴルド『生きていること　動く、知る、記述する』柴田崇・野中哲士・佐古仁志・原島大輔・青山慶・柳澤田実訳、左右社、２０２１年

あとがき

フィールドワークとは、机の上で、本や文献を読んでいるだけでは分からないことを、実際にフィールドに出かけて経験し学ぶことをつうじて理解を深めるだけでなく、現実それ自体から遠く離れてしまうことなく世界を記述するために設けられた研究手法です。人類学は、フィールドワークを学知の根本原理のひとつに据えてきました。

フィールドは至るところにあり、どこに行ったっていいのかもしれません。しかし人類学は、今から100年ほど前に、なじみのないフィールドに出かけ、長期に住み込んで、話されている言葉を、話の内容が肩越しに分かるまで身につけた上で、その社会の全体を理解することから出発したのです。

他者とのコミュニケーションをつうじて、彼らの世界をいかに自らの理解の懐に手繰り寄せることができるのかという問いが、人類学を深く象《かたど》ってきました。私自身も1990年代の半ばから30年近くにわたって、このやり方を追求してきました。

そこでは、「分かる」とはどういうことなのでしょうか？

横着になったためでしょうか、もしくは生来の面倒くさがりのせいでしょうか、近年私は、フィールドで記録を取ったり、インタヴューをしたりすることをほとんどしなくなりました。むしろ私のフィールドワークは現在、寝そべって話を聞いたり、寝ながらつかみ取ったりするようなものになっています。

寝転がっていて聞こえてくる狩猟民プナンの会話は、言語を司る「人間脳」としての大脳新皮質のずっと奥にある脳幹、すなわち「爬虫類脳」に達するかのようです。言語以前で捕まえるような気がします。たぶん、爬虫類的に捕まえるのです。

フィールドワークでは、人々が暮らしているど真ん中で寝ることが重要だということは、マリノフスキは言っていませんが、地べたに眠るナンビクワラとともに過ごしたレヴィ＝ストロースは、ことによるとそういったことが言いたかったのかもしれません。人々「とともに」寝ながらするフィールドワークは、インゴルドの人類学の応用なのかもしれません。

フィールドで寝転がっている時に聞こえる話は、どれもとてもよく理解できます。しかし不思議なことに、その時分かったことをノートに文字で移し替えると、うまく行かないことがあるのです。

『週刊現代』の「セックス」特集の取材を何度か受けたご縁で、講談社現代新書編集部から、「セックス」ではなく、人類学のど真ん中とも言える、あるテーマで執筆依頼を受けたのは２０１６年の年初のことでした。その後なかなか書き進めることができなかったのですが、２０２２年の夏前に、黒沢陽太郎さんから人類学の入門書をという、仕切り直しの再依頼をいただきました。３人の人類学者で現代の人類学を描いてほしいということでした。結局４人で語ることになりましたが、今回は執筆にはそれほど時間はかかりませんでした。共同作業によって本書を仕上げてくれた黒沢さんには、この場を借りて謝意を述べさせていただきます。

２０２３年６月　梅雨の晴れ間の東京・池袋にて

講談社現代新書　2718

はじめての人《じん》類《るい》学《がく》

二〇二三年八月二〇日第一刷発行　二〇二四年一二月三日第五刷発行

著　者　奥《おく》野《の》克《かつ》巳《み》　

発行者　篠木和久

発行所　株式会社講談社

東京都文京区音羽二丁目一二―二一　郵便番号一一二―八〇〇一

電　話　〇三―五三九五―三五二一　編集（現代新書）

〇三―五三九五―五八一七　販売

〇三―五三九五―三六一五　業務

装幀者　中島英樹／中島デザイン

印刷所　株式会社ＫＰＳプロダクツ

製本所　株式会社国宝社

定価はカバーに表示してあります　Printed in Japan

N.D.C.389　230p　18cm

ISBN978-4-06-532857-6

「講談社現代新書」の刊行にあたって

教養は万人が身をもって養い創造すべきものであって、一部の専門家の占有物として、ただ一方的に人々の手もとに配布され伝達されうるものではありません。

しかし、不幸にしてわが国の現状では、教養の重要な養いとなるべき書物は、ほとんど講壇からの天下りや単なる解説に終始し、知識技術を真剣に希求する青少年・学生・一般民衆の根本的な疑問や興味は、けっして十分に答えられ、解きほぐされ、手引きされることがありません。万人の内奥から発した真正の教養への芽ばえが、こうして放置され、むなしく滅びさる運命にゆだねられているのです。

このことは、中・高校だけで教育をおわる人々の成長をはばんでいるだけでなく、大学に進んだり、インテリと目されたりする人々の精神力の健康さえもむしばみ、わが国の文化の実質をまことに脆弱なものにしています。単なる博識以上の根強い思索力・判断力、および確かな技術にささえられた教養を必要とする日本の将来にとって、これは真剣に憂慮されなければならない事態であるといわなければなりません。

わたしたちの「講談社現代新書」は、この事態の克服を意図して計画されたものです。これによってわたしたちは、講壇からの天下りでもなく、単なる解説書でもない、もっぱら万人の魂に生ずる初発的かつ根本的な問題をとらえ、掘り起こし、手引きし、しかも最新の知識への展望を万人に確立させる書物を、新しく世の中に送り出したいと念願しています。

わたしたちは、創業以来民衆を対象とする啓蒙の仕事に専心してきた講談社にとって、これこそもっともふさわしい課題であり、伝統ある出版社としての義務でもあると考えているのです。

一九六四年四月　野間省一

哲学・思想Ⅰ

Ⓐ

哲学・思想Ⅱ

13 論語——貝塚茂樹
285 正しく考えるために 岩崎武雄
324 美について——今道友信
1007 日本の風景・西欧の景観——オギュスタン・ベルク 篠田勝英 訳
1123 はじめてのインド哲学 立川武蔵
1150 「欲望」と資本主義——佐伯啓思
1163 「孫子」を読む——浅野裕一
1247 メタファー思考——瀬戸賢一
1248 20世紀言語学入門 加賀野井秀一
1278 ラカンの精神分析——新宮一成
1358 「教養」とは何か——阿部謹也
1436 古事記と日本書紀 神野志隆光

1439 〈意識〉とは何だろうか 下條信輔
1542 自由はどこまで可能か 森村進
1544 倫理という力——前田英樹
1560 神道の逆襲——菅野覚明
1741 武士道の逆襲——菅野覚明
1749 自由とは何か——佐伯啓思
1763 ソシュールと言語学——町田健
1849 系統樹思考の世界——三中信宏
1867 現代建築に関する16章 五十嵐太郎
2009 ニッポンの思想——佐々木敦
2014 分類思考の世界——三中信宏
2093 ウェブ×ソーシャル×アメリカ 池田純一
2114 いつだって大変な時代——堀井憲一郎

2134 いまを生きるための思想キーワード——仲正昌樹
2155 独立国家のつくりかた 坂口恭平
2167 新しい左翼入門——松尾匡
2168 社会を変えるには——小熊英二
2172 私とは何か——平野啓一郎
2177 わかりあえないことから 平田オリザ
2179 アメリカを動かす思想 小川仁志
2216 まんが 哲学入門——森岡正博 寺田にゃんこふ
2254 教育の力——苫野一徳
2274 現実脱出論——坂口恭平
2290 闘うための哲学書——小川仁志 萱野稔人
2341 ハイデガー哲学入門 仲正昌樹
2437 ハイデガー『存在と時間』入門——轟孝夫

宗教

世界の言語・文化・地理

958 英語の歴史——中尾俊夫
987 はじめての中国語——相原茂
1025 J・S・バッハ——礒山雅
1073 はじめてのドイツ語 福本義憲
1111 ヴェネツィア——陣内秀信
1183 はじめてのスペイン語 東谷穎人
1353 はじめてのラテン語 大西英文
1396 はじめてのイタリア語 郡史郎
1446 南イタリアへ!——陣内秀信
1701 はじめての言語学 黒田龍之助
1753 中国語はおもしろい 新井一二三
1949 見えないアメリカ——渡辺将人
2081 はじめてのポルトガル語 浜岡究
2086 英語と日本語のあいだ 菅原克也
2104 国際共通語としての英語 鳥飼玖美子
2107 野生哲学——管啓次郎 小池桂一
2158 一生モノの英文法——澤井康佑
2227 アメリカ・メディア・ウォーズ——大治朋子
2228 フランス文学と愛——野崎歓
2317 ふしぎなイギリス——笠原敏彦
2353 本物の英語力——鳥飼玖美子
2354 インド人の「力」——山下博司
2411 話すための英語力 鳥飼玖美子

日本史I

日本史Ⅱ

2319 昭和陸軍全史3――川田稔
2328 タモリと戦後ニッポン　近藤正高
2330 弥生時代の歴史――藤尾慎一郎
2343 天下統一――黒嶋敏
2351 戦国の陣形――乃至政彦
2376 昭和の戦争――井上寿一
2380 刀の日本史――加来耕三
2382 田中角栄――服部龍二
2394 井伊直虎――夏目琢史
2398 日米開戦と情報戦――森山優
2401 愛と狂瀾のメリークリスマス　堀井憲一郎
2402 ジャニーズと日本――矢野利裕
2405 織田信長の城――加藤理文
2414 海の向こうから見た倭国　高田貫太
2417 ビートたけしと北野武　近藤正高
2428 戦争の日本古代史――倉本一宏
2438 飛行機の戦争 1914-1945――一ノ瀬俊也
2449 天皇家のお葬式――大角修
2451 不死身の特攻兵――鴻上尚史
2453 戦争調査会――井上寿一
2454 縄文の思想――瀬川拓郎
2460 自民党秘史――岡崎守恭
2462 王政復古――久住真也

世界史Ⅰ